나는 홀가분하게 살고 싶다

소란한 삶에 여백을 만드는 쉼의 철학

이영길 지음

나는
홀가분하게_____살고 싶다

프롤로그

나를 재촉하는 삶에서
홀가분해질 수 있다면

1993년, 〈도망자〉라는 제목의 영화가 상영되어 흥행한 일이 있다. 〈인디아나 존스〉의 해리슨 포드가 주인공인 리처드 킴블을 연기했다. 저명한 심혈관외과 의사로, 아내 헬렌을 살해했다는 누명을 쓰는 인물이다. 킴블은 헬렌이 살해된 현장에서 도주하는 남자를 목격했다고 진술하지만 아무도 믿어주지 않는다. 결국 사형을 선고받고 교도소로 이송되는데, 교도소 버스가 기차와 충돌하는 사고를 틈타 탈출에 성공한다. 그러나 그는 그 순간부터 쫓기는 신세가 되어 쉴 틈 없이 주변을 살피며 불안에 떨어야 했다. 영화의 제목처럼 〈도망자〉가 된 것이다.

철두철미하고 경험 많은 보안관 제라드가 사건을 맡자 킴블은 더욱 궁지에 몰린다. 비상한 두뇌의 소유자인 킴블 박사와 노련한 보안관 제라드의 추격전은 러닝타임 내내 숨 막히는 긴장감을 만들어낸다. 속도감 있게 진행되는 이야기를 따라가는 관객의 손은 어느새 땀으로 범벅이 되어 있다. 두 시간 남짓한 이 추격전의 결말은 통쾌하다. 킴블 박사와 제라드의 극적인 도주와 추적은 진범의 발견으로 이어진다. 킴블 박사는 누명을 깨끗이 벗고, 진짜 악당들은 체포된다.

〈도망자〉 속 킴블의 모습은 우리의 모습과 상당히 닮아 있다. 우리는 어떤 방식으로든 도망자처럼 살아간다. 쫓기는 동시에 쫓는다. 우리를 쫓는 추적자 제라드는 다가오는 마감 시한과 독촉 그리고 압박이다. 이들은 우리가 어디를 가든 집요하게 따라붙는다. 밥을 먹을 때도 마찬가지다. 자려고 누우면 침대에까지 따라와 나란히 눕기도 한다. 이 추적은 매일 쉼없이 이어진다. 그래서 우리는 지치고 두렵고 피곤한 상태가 되고 만다.

무엇이 우리를 이러한 상태로 몰아넣는 것일까? 킴블처럼 생존을 위해 끊임없이 문제를 해결하고 성과를 내야만 하는 상황에 놓여 있기 때문이다. 빠른 기술의 변화, 소셜 미디어를 통해 쏟아지는 정보, 불확실한 미래, 과거가 남긴 아픔과 기억이 우리를 바짝 쫓는다. 특히 성과를 내야만 한다는 압박이 가진 무게감은 쉬이 넘길 수 있는 문제가 아니다. 우리는 지친 상태에서도 계속해서 도망쳐야 하는, 쉴 틈 없는 '피로사회'를 살고 있다.

늘 무언가에 쫓기는 사람들

바쁜 삶이 낳는 공허함을 경계하라. _소크라테스

우리 주변에는 수많은 도망자가 있다. 도망자는 모두 바쁘다. 부자도, 가난한 사람도 바쁘게 도망을 다닌다. 어른도, 아이도 마찬가지다. 부자는 부를 지키고 더 늘리기 위해, 가난한 사람은 먹고살기 위해 바쁘다. 아이는 더 좋은 학교에 진학하고, 더 좋은 직장을 잡기 위해 하루 종일 학교와 학원을 오가며 바삐 보낸다. 부모는 아이를 지원해 주려고 바쁘게 일한다. 도처에 바쁜 사람들뿐이다.

'바쁨'은 주어진 시간 내에 해결해야 할 많은 양의 작업이

나 책임이 있는 상태다. 따라서 신경을 곤두세운 채 제한된 시간과 자원을 효율적으로 나누어 과제를 완수하려 애쓴다. 이런 상태에 놓이면 머릿속에 빡빡한 일정이 들어차 도무지 쉴 틈이 나지 않는다. 식사도, 걸음도, 말도, 생각도 빨라진다. 전 세계적으로 유명한 한국인의 '빨리빨리 문화'는 당연히 바쁨이 생산한 조급증이다. 시간은 없는데 처리해야 할 일은 많고, 심지어 그 일의 강도가 높기까지 할 때 우리는 이렇게 말하곤 한다. "바빠 죽겠어."

바쁨을 다른 말로 표현하자면 '과부화된 삶'이라고도 말할 수 있다. 언제 과부하에 걸리는가? 개인이 효과적으로 처리할 수 있는 능력을 초과하는 요구를 받았을 때다. 작업 또는 처리해야 할 정보의 양이 압도적일 때다. 이쯤 되면 개인의 인지적, 정서적, 신체적 능력은 큰 도전을 받는다. 개인이 여기에 대처하는 가장 일반적인 방법은 '모든 것을 재빨리 해내는 것'이다. 그러니 바쁠 수밖에 없다. 즉 바쁨은 '과잉'의 삶이다.

경쟁, 성과 그리고 생산성의 신화

빠른 삶은 진보의 신호가 아니라, 압박의 결과일 수 있다.
_칼 오노레

우리나라는 20세기 후반 급격한 경제 성장을 경험했다. 이 시기에는 전쟁과 가난의 상처를 딛고 짧은 시간 안에 국가의 재건과 경제 발전을 이루어야 했다. 이러한 상황에서 빠르고 효율적인 일 처리가 성공의 중요한 요소로 인식되었다. 생존과 발전을 위해서는 누구보다 빨리 움직이며 더 많은 것을 성취해야 했기 때문에 '속도'와 '효율성'은 필수적인 가치가 되었다.

특히 빠르게 변화하는 경제 환경에서 생존하기 위해서는 기업과 개인 모두가 끊임없이 속도를 높여야만 했다. 이 덕분에 한국 경제는 눈부신 성장을 이루어냈지만, 동시에 개인에게도 그 속도를 요구하며 일상생활 전반에도 '빨리빨리' 문화가 형성되었다. 결국 속도와 효율성은 한국 사회의 핵심 가치가 되었고, 우리 일상과 사고방식을 형성하는 중요한 요소로 자리 잡았다.

경제 성장은 우리 사회를 매우 경쟁적으로 만들었다. 어릴 때부터 학업 경쟁을 하며 좋은 대학에 진학하는 것을 인생의 중요한 목표로 여겨야 한다. 이런 경쟁은 학업에만 국한되지 않고 취업, 결혼 그리고 사회적 지위 등 거의 모든 삶의 측면에서 이어진다. 그런데 이처럼 경쟁이 치열한 환경에서 살아가다 보면 자연스럽게 뒤처지지 않아야 한다는 압박감이 생긴다. 이 압박감은 '서둘러서 빨리 이루어야 한다'라는 강박으로 이어지며, 이 강박이 일상을 바쁘게 한다.

이 현상의 저변에 깔린 건 '생산성'에 대한 긍정이다. 우리는 바쁘게, 빨리 일하지 않으면 생산성이 떨어진다고 믿어왔다. 또한 일을 효율적으로 빠르게 처리하는 사람을 능력 있는 사람으로 평가해 왔다. 삶의 모든 엔진이 빨리 가동되고 주어진 일이 빠른 속도로 목표를 향해 달려갈 때 커다란 만족감을 느꼈다.

이제 바쁘다는 것은 하나의 문화적 현상이 되고 말았다. 바쁜 사회는 빠른 것을 선호한다. 이에 따라 우리는 빠른 것이 좋다는 믿음을 가지게 되었다. '기다리는 건 나쁘고, 원하는 건 즉시 얻어야 한다'는 생각은 이 믿음을 강화시켰다.

우리 사회의 바쁨은 이러한 배경을 가지고 있다. 그러나 이런 큰 그림만 보아서는 바쁨의 이유를 온전히 이해할 수 없다. 제대로 알기 위해서는 개개인의 심리를 살펴보아야 한다.

인정받고 싶다는 마음

우리 삶은 대부분 스스로 만족하는 것이 아니라 남들 눈에 성공적으로 보이기 위해 살아가는 데 쓰인다. _알랭 드 보통

오늘날 바쁨은 명예의 상징이다. 바쁘게 살아간다는 것은 자아정체감ego identity에 긍정적인 영향을 미친다. 이를테면 우리에게는 '바쁜 사람은 중요한 사람이다'라는 사회적 신념이 있다. 바쁨의 큰 그림이 미친 영향이다. 바쁘면 성공한 사람이거나 성공을 향해 나아가는 사람이라는 인상도 중요한 역할을 한다. 따라서 바쁜 사람은 그렇지 못한 사람보다 타인의 존경을 쉽게 얻는다.

그렇지 않은가? 조금 솔직해져 보자. 일상적인 대화 속에서도 바쁨은 '자랑'이 된다. '너무 바빠서 늘 피곤하다'라면서 과로를 자랑하고, 듣는 사람들은 그런 삶을 은근히 부러워한

다. 누군가가 회사의 중요한 프로젝트 때문에 이틀간 밤샘 작업을 했는데, 겨우 끝냈더니 다시 중요한 프로젝트를 맡게 되었다고 이야기한다면 어떨까. '회사에서 중요한 사람인가 보다'라는 생각이 자연스럽게 따라붙는다. 이처럼 누군가의 눈에 '바쁜 나'가 곧 '성공한 나'로 보인다는 자부심과 성취감은 계속해서 바쁨을 불러온다. 바쁜 일정은 자신의 능력과 가치의 구체적인 증거가 된다.

이렇듯 우리는 성공과 바쁨을 동일하게 보는 사회에서 살고 있다. 바쁘다면 성공한 것이라는 생각은 많은 활동을 생산성으로 착각하게 만드는 함정에 빠뜨린다. 이 거짓말은 과거에도 있었으며, 지금도 있고, 앞으로도 있을 것이다.

더불어 '하찮음에 대한 두려움' 또한 많은 현대인이 새롭게 얻은 마음의 병일 것이다. 디지털 문화와 소셜 미디어에서 타인의 가장된, 연극화된 삶을 접한 우리는 그것을 자신의 삶과 끊임없이 비교하기 시작했다. 남과 비교하면 나는 작아 보이게 마련이다. 그러니 어떤 일이든 찾아서 해야 할 것 같다는 생각에 사로잡힌다. 무언가를 하면 내가 작아 보이지 않기 때문이다. 바빠 보이는 그들처럼 떳떳할 수 있기 때문이다. 이처럼 바쁘면 인스타그램 피드 속 그들처럼 좋은 곳에 가서

놀고, 먹고, 쉴 수 있을 것 같다. 바쁨은 바로 그 지점을 공략한다. 조금 더 바쁘면 조금 더 나은 사람같이 느껴지는 기분 말이다.

밑 빠진 독처럼 채워지지 않는 욕망에 대하여

소비 사회는 욕망을 만족시키기 위해 존재하는 것이 아니다. 오히려 욕망을 끝없이 재생산하기 위해 존재한다.
_지그문트 바우만

인간은 본능적으로 이익을 탐하는 '탐리貪利 존재'다.[1,2] 우리 모두는 욕망을 가지고 있다. 건강한 욕망도 있지만 그렇지 못한 무질서한 욕망도 있다. 탐욕의 시대에 무질서한 욕망은 더 많이 갖고 싶고, 더 높이 올라가고 싶으며, 더 빨리 이루고 싶은 그런 욕망이다. 밑바닥에 큰 구멍이 난 물통처럼 아무리 물을 부어도 채워지지 않는 욕망이다. 하지만 우리는 그 물통을 채우려고 애를 쓴다. 더 채우려면 더 일하고, 더 바빠야 한다는 생각에 사로잡힌 채로 말이다.

사람의 욕망을 가장 잘 알고 있는 이들이 바로 광고 전문가다. 그들은 사람의 눈이 닿는 곳마다 광고를 뿌려대고, 그 수만 가지 광고를 통해 우리의 욕망을 마음껏 부추긴다. 더 가지라고, 더 누리라고 속삭인다. 그런 메시지를 매번 접하면 지금 소유하고 있는 것이 초라해 보이기 시작한다. 내가 가진 것만으로는 충분치 않다는 거짓에 미혹되고 만다. 미디어의 광고는 나의 부족함과 누추함을 계속 상기시키고, 현실에 대한 불만족을 종용한다. 그리고 이렇게 생긴 불만족은 우리를 바쁨으로 몰고 가는 엔진이 되고 만다.

지그문트 바우만Zygmunt Bauman은 "행복한 삶은 많은 기회를 놓치지 않고 잡아채려고 하는 것"이라고 했다.[3] 인간의 헛된 욕망을 직시한 말이다. 물질에 관한 욕망뿐이겠는가? 권력에 대한 무제한적 추구, 명예와 승진에 대한 강박적 집착, 타인을 이겨서 쟁취하려는 경쟁심, 남과의 비교를 통한 우월감 등 욕망은 끝이 없다. 이런 무질서한 욕망은 우리를 몹시 바쁘게 한다. 욕망의 도로에는 과속방지턱이 없기 때문이다. 도로에 올라탄 우리는 추락할 때까지 달려야 한다. 하지만 과식을 하면 체하듯, 과한 욕망도 마음을 체하게 한다.

바쁨을 새롭게 정의할 필요가 있다

당신이 바쁜 건 단지 일이 많아서가 아니다. 마음이 분산되어 있기 때문이다. _존 마크 코머

현대 사회에서 '바쁨'이란 무엇일까? 전통적 개념과 달리, 이제는 단순히 많은 일을 해야만 바쁜 것이 아니다. 바쁨은 개인의 정신적, 감정적 교류를 포함하는 '주관적 경험'으로 이해해야 한다. 사람들은 보통 이루고 싶은 목표나 하고 싶은 일을 마음속에 품고 있지만, 실제로 행동으로 옮기지는 못한다. 이 차이를 줄여보려 하지만 실패에 대한 두려움은 행동을 가로막고, 결국 마음만 바빠지고 만다. 즉 '하고 있는 일'보다 '해야 할 일'에 대한 부담을 더 크게 느끼는 상태가 되는 것이다. 바로 이 현상 때문에 바쁨이라는 개념을 새롭게 정의할 필요가 있다.

바쁨은 단순히 많은 업무나 지켜야 하는 마감일 등의 객관적 상황이 아니다. 개인이 시간을 어떻게 관리하고 정신적 에너지를 어떻게 사용하는지에 대한 인지적 상태로 정의하는 게 옳다. 현대 문화에서는 이처럼 끊임없는 '바쁜 상태'가 자

신의 중요성과 헌신의 증거이자 훈장으로 여겨질 수 있는데, 이 때문에 우리는 무엇을 하든 바쁘게 지내야 한다는 강박에 사로잡히게 된다.

인간관계에서 오는 갈등이나 직업 안정성에 대한 걱정 등 개인적인 문제에서 오는 감정적 부담도 바쁨의 '느낌'을 더욱 증폭시킨다. 해소되지 않는 걱정이 여유를 빼앗아 더욱 바쁘다고 느끼게 만드는 것이다.

아울러 스마트폰과 인터넷의 출현은 끊임없는 연결의 시대를 열었다. 사람들은 손에 들린 스마트폰을 수시로 확인하고, 알림에 즉각 반응하며, 끝없이 새로운 정보를 탐색한다. 디지털 콘텐츠와의 지속적인 교류는 신체 활동의 공백을 '디지털 바쁨'으로 꽉 채운다. 비록 이러한 활동이 비생산적일지라도, 정신적으로는 여러 디지털 정보를 처리하고 있으므로 바쁘다는 감각을 만들어낸다. 이것이 이 시대에 새롭게 출현한 바쁨의 양상이다.

일의 양이 많지 않더라도 하루 종일 정보를 처리하고 의사를 결정하는 데서 오는 인지적 부담은 우리를 끊임없이 바쁘게 만든다. 이메일 확인, 소셜 미디어 업데이트, 뉴스 읽기 등의 활동은 우리의 정신적 자원을 소모시키고, 이러한 활동들이 쌓이면 상당한 인지적 피로를 불러올 수 있다.

이제 객관적으로 많은 업무량, 이에 따른 활동의 양적 측면으로만 바쁨을 이해해서는 안 된다. 바쁨은 정신적, 감정적, 신체적 또는 사회적 활동에 지속적으로 참여하는 우리의 주관적 마음의 상태이기도 하다. 이는 개인의 의무와 활동에 대한 내부적인 인식으로 형성되며, 개인이 어떻게 세상과 상호작용하고 교류하는지에 따라 달라진다. 즉 외적으로 바빠 보이지 않아도, 내적으로는 바쁨에 허덕일 수 있음을 인지해야 한다.

시간 빈곤, 현대의 조용한 유행병

우리가 진지하게 물어야 할 건 '당신에게 시간이 얼마나 많은지'가 아니라 '당신의 삶이 얼마나 다채로운지'이다.

과거의 빈곤은 배고픔이었지만, 다행히도 경제 성장이 주린 배를 채워주었다. 하지만 다른 형태의 빈곤이 생겨났다. 바로 '시간 빈곤'이다. 시간 빈곤은 산업혁명에서 또 한 차례

생산성 중심의 사회로 전환되며 생겨났다. 생산성으로 인간의 가치를 매기기 시작한 세태가 시간 빈곤을 불러온 것이다. 우리는 이제 경제적으로 살 만해졌으나 늘 시간에 쪼들리는 삶을 살아가고 있다.

시간 빈곤의 증상은 무엇일까? 해야 할 일은 많은데, 시간이 항상 부족한 느낌이다. 조금 어렵게 표현하자면 객관적인 시간의 양도 부족하지만, 주관적인 시간의 질도 열악한 상태를 말한다. 그래서 항상 서두르게 되고, 시간에 압도당하기도 한다. 결국 시간 빈곤이란 필요한 것이나 원하는 것을 모두 해내기에 충분한 시간이 없는 상태를 일컫는다.

이는 단지 일시적인 느낌이 아니다. 특정한 사건으로 잠시 시간이 부족한 상황이 아니라는 의미다. 일시적이라면 '이 상황이 지나면 숨도 돌리고 하고 싶은 일도 맘껏 할 수 있겠지' 같은 희망이라도 품을 수 있다. 하지만 시간 빈곤은 그런 개념이 아니다. 시간에 대한 지속적이고 만성적인 부족감이다. 식당에 허기를 채우러 가도 '빨리 되는 음식'을 주문하고, 휴가를 가서도 처리하지 못한 업무만 생각하는 것이 시간 빈곤이다. 이 현상은 빠른 속도로 진행되는 생산성 중심 사회에서 우리를 깊이 세뇌해 왔다.

시간 빈곤이란 개념을 대중화한 사람은 하버드대학교 애슐리 윌런스Ashley Whillans로, 그가 쓴 책《시간을 찾아드립니다》에 등장한다.[4] 그러나 시간 빈곤은 결코 새로운 개념이 아니다. 이미 우리나라에서 여러 학자들이 심층적으로 조사하여 이 현상을 소개한 바 있다.[5, 6, 7] 그전에도 시간 빈곤이라는 개념은 1977년 클레어 비커리Clair Vickery라는 학자를 통해 공식적으로 사용되었다.[8] 그리고 1999년 레슬리 펄로Leslie Perlow가 이를 더 구체화했다.[9] 그 역사를 굳이 들춰보지 않아도 산업혁명과 시계가 세상에 나온 이후부터 우리 가까이에 머물러 있던 개념인 것이다.

현대인의 고질병, 서두름 병의 출현

인생은 삶의 속도보다 귀하다. _마하트마 간디

나는 시간 빈곤과 우리나라의 빨리빨리 문화를 '서두름 병hurry sickness'이라고 말하고 싶다.

역사적으로 '서두름 병'은 약 40년 전 두 명의 심장전문의가 처음 사용한 용어로 알려져 있다. 제법 오래된 병리학적 현상이지만, 지난 20년간 전 세계적으로 유행병처럼 확산된 현상이다. 마이어 프리드먼Meyer Friedman과 레이 로즌먼Ray Rosenman은 《A타입 행동과 당신의 심장Type A Behavior and Your Heart》이라는 책에서 서두름 병을 처음 소개했다.[10] 이들은 연구를 통해 A타입 성격의 특징과 그 행동이 심장병과 직접 연결된다는 점을 밝혀냈다. A타입 성격 중 많은 사람이 시간에 대한 압박감을 느끼고 있었던 것이다. 프리드먼과 로즌먼은 이 증상에 '서두름 병'이라는 이름을 붙였다. 적은 시간에 더 많은 일을 하려는 끊임없는 노력과 멈추지 않는 시도를 표현한 것이었다.

서두름 병에는 중요한 몇 가지 특성이 있다.

첫째, 지속적인 긴급함이다. 서두름 병을 가진 사람들은 마감 시간이나 급히 끝내야 할 이유가 없어도 빨리 일을 마쳐야 한다고 생각한다. 그래서 늘 조급해하고 "빨리, 빨리"를 입에 달고 다닌다. 단순히 효율성과 성과에 대한 욕구라고 해석할 수 없는 마음의 조급함과 빨리 끝내야 한다는 강박석인 행동 양식이다. 이는 일을 늦추지도, 멈추지도 못하는 심리적 상태를 나타낸다.

둘째, 시간에 대한 과도한 불안과 스트레스다. 서두름 병을 가진 사람들은 매사에 인내하는 능력이 현저히 떨어진다. 기다리거나 일 처리가 지연되면 과도하게 스트레스를 받고 불안을 느끼는 것이다. 그래서 교통 체증을 겪을 때나 식당 앞에서 대기하는 줄이 길 때, 일 처리 과정이 예상보다 더 오래 걸릴 때 왈칵 짜증을 내곤 한다. 이 불안과 스트레스가 더 심해지면 공황 발작도 유발할 수 있다.

셋째, 신체에 나타나는 증상이다. 서두름 때문에 생긴 스트레스와 불안은 심장 박동 증가, 혈압 상승, 소화 문제, 근육 긴장, 두통 및 피로와 같은 신체적인 증상으로 나타난다. 시간이 지나면 이러한 증상은 심장 질환과 만성 스트레스 장애와 같은 더 심각한 건강 문제로 이어질 수 있다.

넷째, 항상 서두르면서도 그만큼 항상 뒤처져 있다는 느낌이다. 그래서 많은 경우 지금의 순간을 즐기거나 휴식을 취하는 데 심각한 어려움을 겪는다. 그들의 삶은 즐거운 경험이 아닌 완료해야 할 일련의 작업으로 채워진다. 당겨지지 않는 시간을 당겨서 쓰려는 그 욕망 속에는 기쁨도, 만족도 없다. 스트레스와 지속되는 피로만 남는 것이다.

쉼이 인생을 홀가분하게 만든다

홀가분은 무소유가 아니라 비소모다.

바쁨과 서두름은 현대 사회에서 '시간 빈곤'이라는 현상을 만들어냈고, 이제 우리 모두 "시간이 없다"라는 말을 입에 달고 산다. 산업혁명으로 동서양 모두 일 중심의 사회로 변모하자 사람들은 점점 더 바빠졌다. 한국 사회는 여기에 '빨리빨리 문화'를 더하며 시간에 대한 압박을 더욱 증가시켰다. 이는 시간에 대한 병적인 반응, 즉 '서두름 병'으로 이어졌고, 이 현상은 단순히 시간이 부족한 것을 넘어서 더 큰 문제로 발전했다. 바로 다음 1장에서 이야기할 '쉼 결핍 증후군'의 등장이다.

이후로는 현대 사회가 마주한 새로운 질병인 쉼 결핍 증후군을 분석하고, 바쁨과 서두름이 지배한 삶을 홀가분하게 만들어주는 여섯 가지 쉼에 대해 이야기할 것이다. 멈춤의 쉼, 일하지 않는 쉼, 욕망을 재조정하는 쉼, 기쁨의 쉼, 느긋한 쉼 그리고 사랑의 쉼까지 여섯 가지 쉼을 받아들일 때 우리는 비로소 세상의 기준이라는 압박에서 벗어나 진정으로 나다운 삶을 추구할 수 있다.

'쉬어라'라고 하면 더 높은 생산성을 위해 쉬라는, 어찌 보면 현대인의 바쁨을 더욱 가속화시키는 메시지가 아닐까 의문이 들겠지만 그렇지 않다. 여기서 말하는 '쉼'은 인생 그 자체를 위한 '쉼'이다. 나를 얽매고 재촉하며 몰아치는 세상에 맞서 내 삶을 돌보는 시간이다. 책을 통해 삶에 대한 태도를 다시 생각해 보는 잠깐의 여유를 찾길 바란다.

자, 마음을 열 준비가 되었다면 이제 홀가분한 삶으로 떠나보자.

차례

004　**프롤로그**　나를 재촉하는 삶에서 홀가분해질 수 있다면

1장. 쉼이 결핍된 삶이 보내는 신호들

033　쉼 결핍 증후군이란 무엇인가
035　우리 삶에 쉼이 부족할 때 생기는 일
039　쉼 결핍 증상 1. 스트레스
042　쉼 결핍 증상 2. 번아웃
044　쉼 결핍 증상 3. 보어아웃
046　쉼 결핍 증상 4. 두려움
048　쉼 결핍 증상 5. 외로움
051　성과 사회는 어떻게 쉼을 앗아갔는가
054　인스타그램 속 허울뿐인 인맥의 초상
057　핵개인의 시대가 도래했다
058　고립되는 개인들
061　**쉼 결핍 증후군 자가 진단 체크리스트**

2장. 삶을 변화시키는 쉼에 대하여

- 068 쉼에도 혁신이 필요하다
- 071 기술로는 만들어낼 수 없는 마음의 변화
- 072 사회가 만든 거짓 서사에 저항하라
- 076 혁신적 쉼, 저항적 쉼

3장. 멈추는 법을 알아야 나아갈 수 있다   멈춤의 쉼

- 082 쉼은 멈춤에서 시작된다
- 083 일을 전부 마칠 수 있다는 착각
- 085 만족을 모르는 욕망 잘라내기
- 087 미디어에 빼앗긴 시선을 되찾는 법
- 090 타인의 눈을 신경 쓰지 않는 연습
- 092 완벽하지 않아도 괜찮다
- 094 일상의 전원을 내려 과부하를 멈춰라
- 097 쉴 때마다 죄책감이 느껴진다면
- 099 삶에 지루함을 받아들일 것
- 103 지루함의 과학, 기본 모드 네트워크
- 106 멈춘 채 아무것도 안 해도 좋다

4장. 일이 삶의 전부는 아니다 일하지 않는 쉼

- 113 일, 우리의 정체성을 규정하는 것
- 115 내일의 일을 위해 오늘을 희생하는 사회
- 117 일 중심의 가치에 반기를 들다
- 120 쉼의 가치를 높이는 법
- 124 일하지 않는 당신도 당신이다
- 125 쉼은 도구가 아닌 목적이다
- 128 쉼의 윤리를 찾아야 할 때

5장. 그 욕망은 정말로 당신의 것인가 욕망을 재조정하는 쉼

- 137 욕망이란 무엇인가
- 141 무질서한 욕망 vs. 질서 있는 욕망
- 144 무질서한 욕망이 만들어낸 마음의 싱크홀
- 146 쉼은 무질서한 욕망의 재정렬이다
- 149 삶의 우선순위를 바로 세우는 힘, 절제
- 151 당신을 가슴 뛰게 하는 것은 무엇인가
- 155 두려울 만큼 큰 꿈을 꿀 것

6장. 당신은 언제부터 웃음을 잃었는가 기쁨의 쉼

- 162 우리는 기쁨과 함께 태어났다
- 165 기쁨의 순간, 몸에서 일어나는 일
- 169 100명의 사람, 100가지의 기쁨
- 170 일상을 빛내는 '소소한 기쁨'에 대하여
- 173 오래도록 남는 '특별한 기쁨'에 대하여
- 175 내 삶을 긍정하는 '깊은 기쁨'에 대하여
- 178 기쁨은 어려움과 고난 가운데에서도 피어난다
- 183 더 자주 기뻐하는 연습
- 186 **기쁨 결핍 증후군 자가 진단 체크리스트**

7장. 세상의 속도에 몸을 내맡기지 마라 느긋한 쉼

- 194 전속력으로 마라톤을 하는 사람은 없다
- 196 결핍적 사고방식과 느긋한 사고방식
- 199 게으름의 다른 표현, 나쁜 느긋함
- 202 좋은 느긋함은 현재에 집중하게 한다
- 204 느긋할수록 나는 내가 된다
- 207 생산성, 조금은 다르게 해석하기
- 209 럭셔리한 삶을 꿈꾸는 당신에게
- 211 사랑의 속도, 느긋함의 속도
- 215 과속은 잔인하게 제거하라
- 217 **느긋함 자가 진단 체크리스트**

8장. 삶은 사람으로 충만해진다 사랑의 쉼

- 224 연결되지 않는 우리들
- 226 온기와 다정을 되찾으려는 시도
- 227 호모 심비우스, 공생이라는 가치
- 230 관계는 행복한 삶의 필요조건이다
- 234 쉼의 다른 이름, 사랑
- 237 공동체가 쉼의 원천이 된다
- 238 가족은 늘 당신 그 자체를 원한다
- 240 이웃과 나누고 베푸는 일의 의미
- 243 쉼이 깊을수록 사랑도 깊어진다
- 245 쉼은 자신을 바로 사랑하는 것
- 246 고립을 넘어 연결로

- 248 **에필로그** 세상의 기준에 휘둘리지 않는 홀가분한 삶을 위하여
- 253 **부록** 내 삶을 돌아보게 해주는 질문들
- 263 **주**

1장.

쉼이 결핍된 삶이 보내는 신호들

──────────── 우리 사회는 쉼 결핍 증후군에 시달리고 있다. 쉼 결핍 증후군이란 충분한 쉼을 취하지 못해 생기는 새로운 형태의 가난이다. 쉼이 사라지자 육체적, 정신적, 사회적 건강에 적신호가 켜졌다. 이는 개인의 삶뿐만 아니라 사회 전체의 건강을 위협하는 심각한 문제가 되고 있다.

쉼 결핍 증후군이 우리 사회에 만연함을 짐작할 수 있는 현상이 있다. 쉼을 쉽게 허용하지 않는 사회 구조 속에서 나타나는 우리의 특징, 바로 '일 중독'이다. 우리 사회가 일에 가장 큰 가치를 두면서 생겨난 현상이다. 설상가상으로 코로나19는 일상을 더 크게 바꾸어놓았다. 기술 혁명으로 원격 근무가 확산되고, 업무 환경이 디지털화되며 개인의 삶과 일 사이의 경계가 상당히 모호해졌다. 이런 환경 속에서 '쉼포(쉼을 포기)'와 '쉼포족(쉼을 포기한 사람들)'이라는 신조어가 만들어지기도 했다.

이 세태는 우리 사회의 우울한 아이콘이기도 하다. 구인·구직 플랫폼 사람인은 직장인 482명을 대상으로 "스스로 쉼포족이라고 생각하는지" 물었고, 응답자의 40.9퍼센트가 "쉼포족이라고 느낀다"라고 답했다.[1]

집보다 회사에 있는 시간이 더 많은 직장인의 모습을 대변하는 신조어도 있다. '사무실 지박령'이 그것이다. 땅에 얽매인 영혼 '지박령'처럼 야근 등으로 퇴근하지 못하고 장시간 사무실에 머무는 직장인을 묘사한 표현이다.[2]

이처럼 우리 삶에 쉼은 턱없이 부족하다. 쉼 결핍 증후군이야말로 시간 빈곤 현상과 맞물리는 이 사회의 암울한 병증이다. 이 병을 치료하지 않으면 바쁘고 급박한 삶은 이내 폭력적으로 돌변해 우리를 쓰러뜨리고 말 것이다.

우리는 잠시라도 좋으니 바쁘고 지친 일상에서 벗어나 아무것도 하지 않고 쉬기를 원한다. 하지만 현실은 편히 쉬게 두지 않는다. 극단적으로는 갑자기 건강에 문제가 생겨 쓰러질 때까지 일을 멈추지 못하기도 한다. 병원에 입원해야만 강제적으로 쉬게 되는 상황도 주변에서 심심찮게 볼 수 있다. 큰 매를 맞고 억지로 쉬는 것이다. 이제 결정해야 할 때라는 생각이 들지 않는가? 매 한 대를 맞고 쓰러진 채 쉴지, 그전에 쉴지 말이다.

쉼 결핍 증후군이란 무엇인가

인간의 모든 불행은 쉴 줄 모르는 데서 비롯된다.
_블레즈 파스칼

쉼 결핍 증후군이란 쉼의 부족으로 생겨나는 역기능 상태를 말한다. 일 중심적인 일상에서 쉼이 삶의 가장자리로 밀려나면서 발생하는 다양한 육체적, 정신적, 사회적 증상이 여기에 포함된다. 쉼 결핍 증후군은 신체적 피로는 물론, 정신적 번아웃, 불안 장애, 우울증 그리고 다른 사람과의 관계에 부정적인 영향을 미친다.

쉼 결핍 증후군은 단순히 시간이 부족할 때 생기는 것이 아니라 쉬는 시간이 낭비로 여겨질 때 찾아온다. 이를 자각하지 못한 채 쉬고 싶어도 시간이 없다고 느끼는 것이다. 몸이 피곤하고 운동이 필요하다는 것을 알지만 시간이 없어서 하지 못한다고 생각한다. 가까운 친구를 만나고 싶어도 시간이 없어서 만나지 못한다고 생각한다. 시간을 효율적으로 사용하기 위해 시간 관리에 대한 책을 읽고 우선순위를 다시 설정하려고 노력하지만 여전히 쉴 시간은 없다.

결국 문제는 쉬는 시간이 아깝게 느껴진다는 지점에 있다. 쉴 시간에 일을 하면 돈을 벌 수 있고 경력을 쌓을 수 있으며 경쟁에서 앞설 수 있다는 생각 말이다. 이 때문에 쉼이 삶의 가장자리로 밀려나고, 쉼 결핍 증후군은 성큼 다가오는 것이다.

쉼 결핍 증후군은 불안으로 찾아온다. 쉬고 있으면 막연하게 두렵다. 오은 시인이 한 칼럼에서 이를 잘 설명해 주었다. 그는 쉬고 있음을 의식하는 순간 쉼이 주는 안도감은 사라지고, 거기에 불안감이 들어선다고 이야기했다. 아무것도 안 해도 괜찮을까 걱정하고, 아무것도 안 했기 때문에 자기혐오를 하고, 부지런히 무언가를 생산하는 이들을 떠올리며 열등감을 느끼는 등 부정적 감정이 떠오른다고 표현했다.[3]

우리는 다른 사람이 나보다 앞서 나갈까 봐 두려워한다.

계속 일하지 않으면 일자리를 잃을 것 같은 공포가 몰려오고, 최선을 다해 일하지 않으면 직장 동료들이 나를 부정적으로 평가할 것 같아 걱정한다. 쉬고 있으면 승진하지 못할 것 같아 덜컥 불안해진다. 이런 생각 속에서 쉼은 미래를 불투명하게 만들 뿐이다. 쉼 결핍 증후군은 불안감 외에도 여러 증상으로 나타난다. 지금부터 하나씩 살펴보도록 하자.

우리 삶에 쉼이 부족할 때 생기는 일

> 쉼 없이 살아간다는 것은 영혼이 천천히 시드는 삶을 선택하는 것과 같다. _웨인 멀러

쉼 결핍 증후군에 걸린 사람들은 죄책감 때문에 쉬지 못한다. 쉬고 있으면 잘못한 것이 없는데도 꼭 죄를 짓는 것처럼 느낀다. 일을 하면 몸은 힘들어도 마음은 편하다. 반대로 쉬면 몸은 편하지만 마음은 크게 불편해진다. 그래서 '이래도 되나?'라고 스스로 묻고 '안 되지'라는 결론을 내리기도 한다. 쉬고 있으면 게으른 사람, 야망이 부족한 사람, 비생산적인

사람, 약한 사람이 되는 것만 같다. 따라서 이들에게 쉼은 자기 가치를 떨어뜨리는 일이자 죄책감 유발자다.

이들은 항상 피로에 찌들어 있다. 아침에 일어나면 개운하지 않다. 하루를 시작해야 하는데 오전부터 지쳐 있다. '이렇게 피곤한 게 맞나? 병원에 가봐야 하는 거 아닌가?' 하고 자문하지만 답은 없다. 커피를 들이부어도 해소되지 않는 피로 때문에 실수도 잦다. 다른 사람에게 친절하게 대할 여유도 없고, 매사 짜증만 날 뿐이다.

또한 이들의 기쁨은 침식되어 있다. 쉴 때뿐만 아니라 일상에서 기쁨을 느껴본 지 오래되었다. 전에는 배가 아플 정도로 웃기도 했고, 순간의 기쁨을 마음껏 즐기는 자유도 있었다. 기쁨의 발산이 흔한 일이었다. 그러나 지금은 기쁨이 잠시 잠든 것 같다. 쉴 때의 마음 상태가 일할 때와 크게 다르지 않다. 외부의 요구와 가슴 속에서 끓어오르는 성취 욕구는 기쁨을 경직시키고 희미하게 만들었다. 쉴 때라도 기쁨을 느껴야 하지만, 이제 쉼은 김이 빠진 탄산음료처럼 싱거워졌다. 더 많은 성과, 더 많은 소유물, 더 많은 경험을 추구하려면 다가오는 단순한 기쁨을 삶에서 밀어내야 한다. 여유로운 산책의 기쁨, 따뜻한 차 한 잔의 편안함, 담소를 나누는 즐거움은 이제 옛이야기처럼 느껴진다.

'좀비'처럼 쉬는 것도 하나의 증상이다. 귀중한 휴식 시간이 어디로 사라지는지 생각해 보자. 텔레비전이나 유튜브, 소셜 미디어로 흘러가고 있지는 않은가? 사랑하는 사람보다 더 가까이, 더 오래 함께 있는 스마트폰은 이제 우리를 유혹할 필요조차 없다. 우리가 이미 중독된 상태이기 때문이다. 우리는 스마트폰을 붙잡고 쉴 새 없이 스크롤 바를 내리며 시간 가는 줄 모른다. 스마트폰을 한 손에 든 좀비가 되어버리는 것이다.

'좀비 같은 쉼'은 멍하니 스마트폰을 만지작거리며 유튜브를 보거나 소셜 미디어에서 시간을 보내는 것을 의미한다. 손가락만 움직이면 되기 때문에 출퇴근하는 버스와 지하철, 식탁, 침대, 화장실 등 장소에 구애받지 않고 언제 어디서나 가능하다. 지쳐버려 무엇을 해야 할지 모르는 인간이 자기만 들여다보라 재촉하는 나르시시스트 같은 기계를 만나면 어떻게 될까? 스마트폰을 들었지만 조금도 스마트해 보이지 않는 좀비 같은 모습이 되어버린다.

이들은 "언젠가는"이라는 말을 달고 산다. 현재 쉼이 부족하지만, 미래의 휴가나 은퇴 시기로 쉼을 미루며 자기 위안을 삼는 것이다. 지금은 너무 바빠서 도저히 쉴 수 없다고 생각한다. '지금은 죽어라 일할 때'라고 다짐한다. 그리고 은퇴하면 지겹도록 쉴 수 있으리라 낙관한다. 경제적 불안정과 미래에 대한 불확실성 때문에 지금은 쉴 수 없으니 '사는 게 좀 나아지면 그때 쉬어야지'라고 생각하는 것이다. 그러나 실제로 그때가 되면 또 다른 이유로 휴식을 미룬다. 미래의 불확실한 쉼을 현재의 확실한 노동으로 대체하는 상황이 일반적이다. 그 '언젠가'가 언제 올지 모르니 쉼은 항상 뒤로 밀린다.

　마지막으로 이들은 쉬고 싶어도 어떻게 쉬어야 하는지 모른다. 어떻게 일해야 하는지는 정확히 알면서, 어떻게 쉬어야 하는지는 모르는 것이다. 그래서 귀가하면 집에 와서 소파에 누워 뒹굴다가 텔레비전이나 스마트폰을 들여다본다.

　《우리가 인생이라 부르는 것들》의 저자인 한양대학교 국어교육과 정재찬 교수는 우리는 쉴 줄 모르며, 쉬는 것을 배워본 적도 개척해 본 적도 별로 없다고 이야기한다. 쉼도 소비로 해결하려고 하기에 쉬는 것이 경제적, 시간적 부담일 뿐만 아니라 스트레스가 되기도 한다는 것이다.[4] 불행히도 그의 말이 맞다. 쉼이 어렵게 느껴지고 부담이 되며 처음 만난 사람처럼 낯설게 느껴지는 것이다. 소셜 미디어에서 본 남의 쉼을 흉내 내려 해도 내게 맞지 않아 그저 스트레스일 뿐이다. 나만의 쉼, 내 삶에 잘 맞는 쉼을 찾기 어렵다.

쉼 결핍 증후군에 걸린 우리의 모습은 이렇다. 이것만으로도 삶의 질을 저하시키지만, 사실 더 큰 문제가 있다. 신체적, 정신적으로 나타나는 증상들이다.

쉼 결핍 증상 1. 스트레스

스스로를 가혹하게 다루는 당신은 스스로에게 좋은 사람인가?

쉼이 삶에서 사라지면 건강에 다양한 적신호가 켜진다. 육체적 피로뿐만 아니라 정신적, 감정적 그리고 사회적 측면까지 아우르는 총체적인 문제를 야기한다. 쉼 결핍 증후군이 초래하는 위기는 개인 내부에서 시작하여 인간관계와 사회 전반에 걸친 문제로 확산된다.

발생하는 문제 중 가장 보편적인 증상은 바로 스트레스다. 스트레스는 바쁜 일상의 모든 구석에 숨어 있다. 직장인부터 학생까지 스트레스는 일시적인 방문자가 아니다. 적정량의 스트레스는 주어진 과제를 더 잘해내게 하는 동력이 되지만, 무엇이든 과하면 독이 된다.

스트레스를 받으면 우리 몸에서는 아드레날린, 코르티솔 같은 스트레스 호르몬이 분비된다. 이 호르몬들은 내 의지와 관계없이 몸을 보호하고 지키려고 한다. 하지만 이 '보호 상태'가 만성적으로 활성화되어 있을 때, 즉 지속적으로 스트레스 상황에 놓일 때 신체와 정신은 심각한 영향을 받게 된다.

많은 경우 스트레스가 지속되면 머리가 아프다. 쉽게 피곤하고, 의욕을 잃고, 정신은 멍하고, 가슴이 두근거린다. 음식을 먹으면 소화가 잘되지 않고 메스껍기도 하다. 구석구석 안 아픈 곳이 없고 체온 조절도 되지 않는다. 앓고 난 사람처럼 식은땀도 난다. 잘 자면 낫겠거니 하지만 정작 밤에는 잠을 이루지 못한다. 면역력도 떨어진다. 우울증도 찾아올 수 있다. 스트레스 호르몬의 과도한 분비는 뇌의 기억과 학습을 담당하는 해마에 손상을 줄 수도 있다. 이 때문에 기억력이 감퇴하고 집중력이 저하되며 의사 결정 능력이 감소하기도 한다. 이뿐만 아니라 지속되는 스트레스는 근육을 긴장시켜 목, 어깨, 허리 등의 통증을 유발한다.[5]

스트레스 호르몬인 아드레날린과 코르티솔은 심장 박동을 증가시키고 혈압을 높이는데, 단기적으로는 생존에 도움이 되지만 장기적으로는 심혈관계에 불필요한 부담을 가져다준다. 따라서 지속적인 스트레스는 고혈압, 심장 질환, 심장 발작의 위험을 증가시킨다. 심장이 지속적으로 높은 압력에 노출되면서 기능이 저하되고 정상 가동이 되지 않아 심장병으로 발전하기도 한다.[6]

이처럼 바쁜 삶 자체는 엄청난 대가를 요구한다. 바쁨이라는 단어를 자세히 살펴보면 그것이 심장과도 직접 연결되었음을 알 수 있다. 한자로 바쁠 망忙은 마음 심心 변에 죽음 혹은 잃음의 망亡이 합쳐진 글자다. 지나친 바쁨이 심장의 죽음으로 이어질 수 있다는 심각한 의미다. 이 글자 속에는 우리가 바쁨을 삶의 방식으로 채택할 때 나아가야 하는 위험한 여정에 대한 경고가 내포되어 있다. 그 증거로 우리나라의 심장 질환 관련 진료비의 증가를 들 수 있다. 지난 5년간 38.5퍼센트 증가했는데, 특히 주목할 만한 현상은 과거에 비해 30대 이하의 환자가 두드러지게 늘어난 것이다.[7] 이제 바쁨은 결코 명예의 훈장이 아닐뿐더러 장기적으로 지속될 경우 죽음의 통지서가 될 수도 있다.

바쁨의 척도로 안부를 묻는 유일한 나라가 대한민국이다. 어쩌면 바쁠 망忙은 마음心을 잃었다는 의미일지도 모른다. 분주하게 사느라 마음을 돌보지 못한 채 산다는 뜻이다. 신체 기관인 심장뿐만 아니라 마음의 문제까지 담은 것이다.

쉼 결핍 증상 2. 번아웃

우리는 타버리게끔 설계된 불쏘시개가 아니다. _앤 라모트

지친 상태가 오래 지속되어 내 몸과 마음 깊은 곳에 자리를 잡아버리면 번아웃 증후군burnout syndrome이 온다. 번아웃 증후군은 '다 타버렸다'는 의미를 담고 있으며, 일에 지나치게 몰두한 나머지 극심한 육체적, 정신적 피로를 느끼며 무기력해지는 현상이다. 지치는 것은 주로 단기간의 과도한 활동과 격무로 발생하며 일정한 휴식을 취하면 회복되곤 한다. 그러나 번아웃은 다르다. 장기적이고 만성적이다. 그렇기에 일시적 휴식으로 쉽게 회복되지 않는다. 상당한 노력과 전문가의 도움을 필요로 하는 증상이다.

번아웃 증상은 우울증과 매우 흡사하다. 불안하고 무력하고 매사에 흥미가 없다. 삶에 대한 희망도 사라진다. 밤에는 잠을 제대로 자지 못하고, 심한 경우 극단적인 선택을 고려하기도 한다. 번아웃은 어떤 특정 직종의 특별한 이에게만 나타나는 희귀 증상이 아니다. 누구나 겪을 수 있고, 실제로 수많은 사람이 경험하고 있지만 너무 바쁜 나머지 스스로 인지하지 못하고 넘어가기도 하는 게 바로 번아웃이다.[8]

2019년 구인·구직 플랫폼인 잡코리아에서 실시한 여론조사에 따르면 직장인의 95퍼센트가 번아웃을 경험했다고 한다.[9] 2022년 동아일보와 설문 플랫폼 틸리언 프로도 20~60대 남녀 1542명을 대상으로 번아웃 증후군 경험 유무를 묻는 설문조사를 실시했는데, 응답자의 34.7퍼센트가 "번아웃 증후군을 경험한 적이 있다"라고 대답했다. 특히 20~30대인 MZ세대의 43.9퍼센트가 번아웃을 경험한 적이 있다고 답했다.[10] 번아웃이 심각한 사회적 문제로 떠올랐음을 알 수 있다.

성균관대학교 의과대학 오대종 교수의 정신건강의학과 연구팀도 2020~2022년 사이에 직장인 마음 건강 증진 서비스를 이용한 근로자 1만 3000여 명을 대상으로 번아웃 실태를 조사했는데, 그 연구 결과가 매우 심각했다. 신체적, 정신적 번아웃을 경험한 직장인의 경우 우울증이 없다 할지라도 자살을 생각할 위험이 77퍼센트나 높았다고 한다.[11] 번아웃에 뒤따르는 사회적 대가를 결코 간과해서는 안 된다는 사실을 알려주는 결과다.

강서대학교 사회복지학과 노혜진 교수의 연구에 따르면 한국은 연간 근로 시간이 평균 1601시간으로, OECD 국가 중에서 근로 시간이 가장 긴 나라다.[12] 이처럼 과중한 업무와 성과 지향적 문화가 만연한 환경은 개인이 직장에서 느끼는 스트레스의 수준을 높이고, 장기적인 스트레스는 번아웃으로 이어진다.

쉼 결핍 증상 3. 보어아웃

과도한 스트레스만이 피로를 유발하는 것이 아니다. 지루함 역시 우리를 지치게 만든다. _필리페 로틀린, 페터 베르더

지나치게 빠른 사회에서 일에 몰두하다 지친 상태를 의미하는 번아웃과 달리 보어아웃boreout은 단조로운 삶에 지루함

을 느껴 의욕을 상실해 버리는 증상이다. 빠른 속도를 선호하는 사회가 남긴 부산물 중 하나가 바로 '지루함'이다. 빈 공간에 혼자 남은 듯한 심리적 공허감이다.

통계를 살펴보자. 잡코리아는 2020년 직장인 782명을 대상으로 보어아웃 경험의 현황을 조사한 바 있다. 여론조사에 따르면 직장인 중 41퍼센트가 직장생활을 하며 보어아웃을 경험했는데, 보어아웃을 불러온 요인으로는 "체계적 관리 시스템 및 동기부여가 없어서"라는 답변이 35.2퍼센트, "능력에 비해 쉽고 단조로운 업무만 해서"가 34.9퍼센트, "적성에 맞지 않는 일을 해서"가 34.9퍼센트, "앞으로의 상황이 나아질 것 같지 않아서"가 32.7퍼센트였다.[13]

지루함은 활동의 부재로 생겨나는 것이 아니다. 과제에 대한 동기부여와 단조로움의 문제다. 경제 변동과 직업 안정성의 변화도 보어아웃에 기여한다. 더 도전적이고 동기가 부여될 만한 일을 찾아 이직을 하고 싶어도 불확실한 경제 상황에서 함부로 퇴사를 할 수도 없기 때문이다.

우리는 위험을 피해 안정적이며 덜 도전적인 일자리에 머무르며 보어아웃을 경험하게 된다. 따라서 보어아웃은 개인이 지속적으로 도전과 자극을 받지 못할 때 발생하는 존재적 불만족과 참여 부족의 상태라고 정의할 수 있다.

보어아웃이라는 용어와 그 개념은 2008년 스위스의 비즈니스 컨설턴트 필리페 로틀린Philippe Rothlin과 페터 베르더Peter Werder의 책 《보어아웃》에서 처음 소개되었다. 그들은 보어아웃을 번아웃의 거울 현상으로 보았는데, 과도한 업무가 번아웃을 초래하듯 업무 도전과 참여 부족도 보어아웃을 초래한다고 설명했다.[14] 일에 몰두하다 쌓인 피로로 갑자기 슬럼프에 빠지는 번아웃과 반대되는 현상으로 이해하면 된다.

쉼 결핍 증상 4. 두려움

우리는 타인의 눈으로 우리 삶을 바라보며, 그들의 관심에서 제외될까 두려워한다. _알랭 드 보통

예상치 못한 위험이 닥치면 두려움이 찾아온다. 가시적인 대상에 느끼든 막연히 느끼든 정도의 차이만 있을 뿐 누구나 두려움을 느낄 수 있으며 대개는 잠시 왔다가 가버리곤 한다. 그러나 이 감정이 지속되는 경우가 있다. 미래의 잠재적인 위

협이나 불확실한 상황에 대해 끝없이 두려워하는 것이다. 이런 두려움은 만성적인 불안과 긴장 상태로 이어지며 때로는 비현실적이거나 과장된 걱정을 동반하기도 한다. 그런데 도대체 무엇이 우리를 두려움의 늪에 빠뜨린 걸까?

우리는 바쁨이 생산성, 성공과 동일시되는 사회에 살고 있다. 이러한 사회적 규범은 '바빠 보이지 않는 것' 그리고 '중요하게 느껴지지 않는 것'에 대해 두려움을 느끼게 한다. 이는 존재적 불안과 연결된다. 소셜 미디어는 두려움을 더 증폭시켰다. 타인의 바빠 보이고 그만큼 중요해 보이는 삶을 끊임없이 들여다보면 '나는 충분하지 않다'는 느낌과 '인생에서 무언가를 놓치고 있는 것 같다'는 생각에 두려움을 느끼게 된다. 타인의 완벽해 보이는 삶과 내 삶을 지속적으로 비교하다 보니 비현실적인 기준이 생기며, 이는 곧 불안감의 증폭으로 이어진다. 타인의 이목을 중요하게 여기는 풍토도 한몫을 한다. 이 때문에 인간관계에서도 타인으로부터 부정적 평가를 받을까 두려워하게 된다.[15]

그리고 이렇게 피어난 두려움을 완화하기 위해 더 많이 노력하고 더 오랫동안 일을 하려 한다. 돈을 더 벌거나 사회적으로 더 인정받아야 하기 때문이다. 활동하지 않는 순간의 공허함을 피하기 위해 과도한 업무나 역할을 맡기도 한다. '중요성 결여'에 대한 두려움으로 지인의 결혼식이나 장례식 같은 여러 행사에 부지런히 참석하고, 바쁜 일정을 소화하며 동료들로 하여금 '항상 그룹 안에 있는 사람'으로 인식되려고 애쓴다. 바쁘고 중요한 상태를 유지해야 한다는 지속적인 압박은 불안, 우울증, 스트레스와 같은 다양한 정신 건강 문제가 되고, 이 문제는 또 두려움을 불러온다. 생존에 대한 두려움, 존중에 대한 두려움, 건강에 대한 두려움까지 말 그대로 악순환이다.

쉼 결핍 증상 5. 외로움

외로움은 인간의 생리적 스트레스 시스템을 켜놓은 채 방치하는 것이나 다름없다. _존 카치오포

바쁨과 외로움은 상반된 단어처럼 보인다. 그렇지 않다. 현대 사회에서 바쁨과 외로움은 서로를 돕는 친밀한 관계다. 미국에는 이런 말이 있다. "워싱턴 D.C.에서 친구를 사귀고

싶으면 개를 입양하라." 많은 사람이 주변인과 사회 활동에 둘러싸여 있으면서도 외로움을 느끼며, 결국 반려동물로 사회적 욕구를 해결한다는 의미다. 소셜 미디어에서 수많은 사람과 연결되어 있는 초연결 사회에 살고 있지만 여전히 외로운 것이다.

외로움은 원하는 사회적 관계와 실제 관계 사이의 격차가 만들어내는 복잡한 감정 상태다. 혼자 있는 것을 넘어서 타인과의 연결이 부족하거나 단절되었다고 느끼는 것을 의미한다. 따라서 군중 속에서도 외로움을 느낄 수 있다.

외로움은 우울증, 불안, 면역 기능 약화 등 다양한 정신적·신체적 건강 문제를 일으킬 수 있는데, 미국의 공중보건 임무단의 의무총감이자 국가 주치의인 비벡 머시Vivek Murthy 박사의 보고서에 따르면, 미국에 널리 퍼진 외로움은 하루 최대 15개비의 담배를 피우는 것처럼 건강에 치명적이며 이 때문에 연간 수십억 달러의 비용이 발생한다고 한다. 그는 또한 외로움이란 몸이 생존에 필요한 부분이 충족되지 않았음을 알리는 감정이라고까지 이야기했다.[16]

한국리서치 '여론 속의 여론' 팀이 2023년 실시한 외로움에 대한 우리 국민의 실태와 인식 보고서도 있다. 전국의 만

18세 이상 남녀 1000명을 대상으로 진행한 이 조사에서는 "최근 한 달 동안 외로움을 느낀 적이 있는가"라는 질문에 응답자의 72퍼센트가 외로움을 경험했다고 답했다.[17]

이뿐만이 아니다. 2022년 보건복지부에서 발표한 조사에 따르면 2021년 고독사 사망자 수는 3378명으로, 매년 증가 추세에 있다고 한다. 또한 연령이 낮을수록 자살로 인한 고독사가 많은데,[18] 고독사의 현장을 찾는 현직 형사이자 《고독사는 사회적 타살입니다》의 저자인 권종호는 고독사는 나이와 관련이 없지만, 청년 고독사가 더 심장을 울린다고 말하며 무엇이 청년을 죽음으로 내몰았는지 질문한다.[19] 우리나라가 집단주의 문화를 가지고 있다는 사실을 고려하면 더욱 놀랄 만한 결과다.

바쁜 일정을 관리하기 위해 스스로를 고립시키고 일에 집중하는 이들이 많다. 자발적 고립은 만남과 관계의 기회를 제한하여 외로움을 불러온다. 일에만 몰두하는 삶은 깊고 의미 있는 대화의 시간과 정서적 에너지를 소모시킨다. 이처럼 타인과의 관계와 사회 작용이 피상적이고 불만족스러워지면 자연스럽게 외로움이 증가한다.

친구나 가족과 보내는 질적·양적 시간은 사회적 유대를

유지하는 데 필수적이다. 그러나 바쁘게 서두르는 삶의 방식은 관계에 시간을 할애하지 못하도록 만든다. 깊은 대화를 나눌 수 없는 상황은 연결을 약화시키고, 고립된 느낌을 부풀린다. 심지어 앞서 이야기했듯 끊임없이 바쁜 상황은 번아웃으로 이어지는데, 번아웃을 경험하는 사람들은 사회적으로 참여할 에너지를 소진해 고독을 선호하게 된다. 바쁨이 고립으로, 고립이 다시 바쁨으로 이어지는 악순환을 초래하는 것이다.

성과 사회는 어떻게 쉼을 앗아갔는가

현대인은 지치지 않는 기계가 되기를 요구받는다. 하지만 그 누구도 배터리 없이 작동하지 않는다. _카산드라 피터스

철학자 한병철 교수는 인간의 피로 문제가 개인의 문제가 아니라 사회 구조적 문제임을 강조했다.[20] 마찬가지로 우리의 쉼 결핍 증후군도 사회적 요인이 크다. 우리 사회는 쉼을 비생산적이거나 게으른 것으로 여기는데, 이런 기조는 쉼을 우

선순위의 하위로 만든다. 생산적인 것이 갑, 쉼은 을인 것이다. 이것이 지금의 사회 질서다. 그런데 무엇 때문에 이런 질서가 자리 잡았을까?

어쩌면 오랜 시간 일하면서도 시간을 내어 쉬기는 어려운 근무 환경이 쉼을 질식사하게 만들었는지도 모른다. 직장인은 보통 하루에 여덟 시간 이상 근무한다. 주말에 일하는 경우도 많다. 업무나 사회적 의무를 우선시하는 경향 때문에 연차 등 휴가를 제대로 사용하지 못하는 경우도 있다. 하루이틀 사이의 문제가 아니라 이미 수십 년도 더 된 이야기다. 주어지는 연차 일수 자체가 적은 데다 일정과 업무 압박으로 이조차 자유롭게 사용하지 못한다. 길게 사용하기는 더 어렵다.

높은 생활비와 경제적 압박 또한 하나의 요인이다. 생존에 필요한 모든 것이 상품화된 사회에서 살아남기 위해, 남들에게 부끄럽지 않기 위해 우리는 소비 능력을 갖추어야 한다. 그러지 않으면 패배자로 보이기 십상이다. 오늘의 소비는 내일의 노동을 담보로 이루어지기 때문에, 삶의 패턴은 악순환으로 이어진다. 빠듯하고 피곤한 노동의 쳇바퀴에서 벗어나는 일은 상상조차 할 수 없다. 쳇바퀴에서 벗어나려는 시도는 튀어나온 못이 망치로 얻어맞는 것과도 같다.

성과 사회는 우리를 끊임없이 경쟁하게 만들고, 경쟁으로 자신의 가치를 증명하도록 압력을 가한다. 이 과정에서 더 많은 시간을 일에 투자하고, 더 많은 에너지를 소비하게 된다. 성과가 삶의 중심에 자리 잡으면서 쉼의 가치는 점점 더 희미해졌다. 이런 사회에서 쉼은 성과의 반대편에서 무기력하게 서 있을 뿐이다.

얼핏 보면 이 모든 일이 개인의 선택으로 보일 수도 있다. 그러나 한병철 교수는 현대 사회의 사람들은 스스로 많은 것을 자유롭게 선택하고 행동할 수 있다고 착각하지만, 실제로는 성과를 내야 한다는 사회적 강요로 제한된 행동을 한다고 지적한다. 그는 이를 두고 '자유로운 강요'라고 명명하며, 이것이 더 나아가 한계 없는 자기 착취에 이르게 한다고 주장한다.[21] 쉼 또한 이렇게 도둑맞은 것이다.

피로 사회는 성과 사회의 자연스러운 결과물이다. 성과에 도취된 채 자발적으로 행하는 자기 착취가 가져오는 불가피한 결실인 것이다.[22] 끊임없이 자기도취적으로 성과를 추구하는 과정에서 우리는 점점 더 피곤해진다. 일의 강도는 높아지고, 쉼은 더 많은 생산을 위해 타협되며, 결국 우리의 몸과 마음은 지쳐간다. 그때그때 해결되지 않은 피로는 누적되며, 신체적 피로는 정신적, 정서적 피로를 불러온다. 이러한 총체적 피로는 쉼을 절대적으로 필요로 하지만, 역설적으로 피로 사회에서는 쉼이 그저 사치다.

미치도록 바쁜 삶에서 우리가 잃어가는 건 무엇일까? 분주한 삶이 유발하는 위기는 한두 가지가 아니다. 육체적, 정신적 건강이 무너질 뿐만 아니라 사회적 관계 또한 와해된다. 바쁜 삶으로 쉼이 결핍되면 개인적 병리 증상에 이어 사회적 병리 증상이 나타난다. 만나고, 교제하고, 공감하고, 지지해주는 관계를 형성할 기회가 현격히 줄어드는 사회에서는 어떤 일이 일어날까? 인류에게 더 나은 삶을 가져다주리라 기대했던 디지털 문화가 사회에 미친 영향을 되짚어 보자.

인스타그램 속 허울뿐인 인맥의 초상

우리는 항상 연결되어 있으면서도 점점 더 혼자다. _셰리 터클

바쁜 삶은 사회적 관계를 피상적으로 만든다. 빡빡한 일정 속에서는 친구나 가족과 함께 질 높은 시간을 보낼 여유가

없다. 서로의 눈과 얼굴을 보며 대화하고 공감하는 시간을 가지는 게 점점 더 요원해진다. 모두가 바쁜 문화에서는 사회적 유대 관계의 개념이 변모한다. 소수의 지인과 깊이 연결되던 문화에서 다수의 사람과 얕게 연결되는 문화로 바뀌어가는 것이다. 이 때문에 관계망은 급격히 넓어졌지만 사회적 네트워크는 더욱 얄팍해졌다.

《세계 행복 보고서World Happiness Report》에 따르면, 한국의 사회적 고립 인구 비율은 지난 몇 해 동안 OECD 회원국 가운데 계속 최상위권이다.[23] 한국의 사회적 고립은 심각한 문제다. 국회미래연구원의 허종호 연구원은 《세계 행복 보고서》의 10년간 연구 결과를 분석한 보고서의 부제를 '친사회적 사회가 행복한 국민을 만든다'로 잡았다. 고립 문제를 주시해야 한다는 것이다.[24] 그런데 기술 혁명 시대에 인터넷과 소셜 미디어는 과연 친사회적인 사회를 가져올 수 있을까?

세계에서 가장 높은 인터넷 보급률을 자랑하는 대한민국은 국민의 98퍼센트가 인터넷을 사용하며, 약 4200만 명이 활발한 소셜 미디어 사용자라고 한다.[25] 주요 플랫폼으로 카카오톡, 페이스북, 인스타그램, 유튜브, 틱톡 등이 있는데, 특히 카카오톡은 87퍼센트의 인구가 사용하는 한국에서 가장

많이 쓰이는 소셜 미디어 플랫폼이다.[26]

하지만 이러한 디지털 인프라를 가지고도 소셜 미디어는 친사회적 문화를 만들지 못했다. 소셜 미디어에 많은 친구나 팔로어를 보유해도 실제로 깊이 있는 관계로는 이어지지 않기 때문이다. 물론 오프라인에서의 만남과 상호작용을 여전히 중요하게 여기는 사람도 적지 않다. 그러나 많은 경우 바쁘고 개인화된 생활 방식 탓에 대면 상호작용의 빈도는 현격히 줄어드는 추세다.

중요한 것은 기술 혁명이 사회적 관계망의 판도를 바꾸고 있다는 사실이다. 이미 타오르고 있는 생산성 중심 사회에 기술 혁명이라는 기름이 뿌려지자 사회는 더 빠르고 더 바쁘고 더 개인화되어 가고 있다. 개인의 독립성과 자율성이 더 강조되며 전통적인 가족 중심의 생활 방식에서 벗어나 개인 중심의 라이프스타일이 확산되기 시작했다.

이 변화가 편리함을 가져왔음을 부정할 수는 없다. 그러나 사람들 사이의 상호작용과 지지 체계를 약화시키고 개인의 고립을 불러온 것 또한 사실이다. 너무 과장된 주장이라고 생각할지 모르지만, 개인 중심의 삶은 이제 또 한 단계 발전해 '핵개인의 시대'를 열었다.

핵개인의 시대가 도래했다

자유롭게 선택할 수 있다는 착각은 우리가 서로를 필요로 하지 않는다는 거짓말로 이어진다. _지그문트 바우만

빅데이터는 이미 핵개인 시대를 예보하고 있다. 빅데이터에서 사회 변화를 읽는 송길영 저자는 저서 《시대 예보: 핵개인의 시대》를 통해 코로나19 이후 한국 사회가 핵가족에서 '핵개인'의 시대로 이동하고 있음을 탐지했다.[27]

그의 분석에 따르면 한국 사회는 점점 더 독립적이고 자율적인 개인으로 변해가고 있다. 핵가족을 넘어 더 쪼갤 수 없는 작은 단위인 핵개인으로 분화하고 있다는 것이다. 핵개인은 전통적인 가족이나 공동체의 틀에 얽매이지 않고, 독립적인 개체로서 자신의 삶을 주도적으로 살아간다. 독립적인 존재로 자신만의 생활 방식을 갖추고, 자신의 필요와 욕구를 우선시하며, 집단보다 개인의 중요성을 강조한다.

핵개인의 시대가 오는 것을 막을 수는 없다. 이는 당연한 사회적 흐름일 것이다. 그러나 몇 가지 우려되는 지점이 있다. 우선 개인의 사회적 네트워크가 약화된다. 이웃이나 가족

과의 관계가 흐려지고, 사람들이 더욱 형식적이고 피상적인 관계를 맺게 될지도 모른다. 깊은 인간관계를 형성하는 일은 점점 어려워지고, 많은 사람이 독립적인 생활을 추구하는 과정에서 고립감과 외로움을 느끼게 될 것이다. 인간의 본질적인 욕구인 사회적 욕구를 충족시키지 못하는 것은 현대 사회의 심각한 문제를 낳을 것이다.

돌봄이라는 미덕이 오히려 부담이 되는 시대다. 지속적인 지지와 지원을 제공하는 공동체는 과거가 되었고, '진정한 유대감 형성'이라는 표현은 어디에서 많이 들어는 보았지만 왠지 어색하고 낯설기만 하다. 과거에는 일반적이었던 이웃이나 가족 간 상호 부조와 지원은 급격히 줄어들었다. 그야말로 공동체의 중요성을 찾을 수 없는 시대인 것이다.

고립되는 개인들

우리는 자율을 얻는 동시에 공동체를 잃었다. 우리는 자유로워졌지만 그만큼 외로워졌다. _데이비드 브룩스

미국에서 가장 잘 알려진 지식인 중 한 명인 저널리스트 데이비드 브룩스David Brooks는 잡지 《애틀랜틱The Atlantic》에 미국 가정의 변천사에 관한 글을 썼다. 그는 미국 가정이 처한 문제를 〈핵가족은 실수였다〉라는 제목으로 매우 날카롭게 진단했다.[28] 브룩스에 따르면 '과도한 개인주의hyper-individualism'는 미국 가정에 부정적인 영향을 미쳤다. 1960년대부터 개인의 가치를 극도로 존중하는 풍토가 미국 사회에 퍼지자 친척이나 친구 등 주변인의 눈치를 보지 않는 경향이 커졌다. 이에 따라 지난 30~40년 동안 가정이 붕괴되며 교육, 정신 건강 등의 분야에서 다양한 문제가 발생했다는 것이다.

브룩스는 미국 사회 곳곳에서 핵가족이 한부모 가족으로, 한부모 가족이 무질서한 가족chaotic families 또는 무가족no families으로 쪼개졌다고 주장한다. 그는 오늘날 많은 미국인이 대가족과 결속력 있는 가정을 갈망하고 있으며, 지나친 개인주의가 빚은 가정 파괴에서 벗어나려 노력하고 있다고 강조한다.

한국 사회 역시 점점 개인화되는 흐름 속에서 비슷한 고민을 안고 있다. 이에 대한 한병철 교수의 진단은 매우 예리하다. 그는 대한민국을 "모든 각자"가 "모든 각자"를 상대로 경쟁하는 사회라 칭하며, 이 절대적 경쟁이 생산성을 높이는 동시에 연대와 공동체 정신을 파괴한다고 진단했다.[29] 그는 여기서 "모든 각자"를 "소진되고 우울하고 개별화된 개인"으로 표현하는데,[30] 이 또한 핵개인의 개념과 유사하다. 이처럼 핵개인은 외로움과 함께 소진과 우울을 동반하며 살아간다. 이들에게 돌봄, 유대, 공동체는 부담스럽고 피곤하며 거추장스러운 개념일 뿐이다.

이제 자신의 쉼 결핍 증후군 정도를 진단해 보자. 다음 페이지의 자가 진단 체크리스트는 연구 과정으로 검증된 내용은 아니다. 이와 같은 연구가 곧 필요하리라고 생각하지만 말이다. 우선 독자를 위해 열 가지 항목을 임의로 만들어보았다. 여가학을 연구하는 학자로서 내 연구의 틀로 만든 것이기에 표면적으로 타당도를 어느 정도 갖추었다고 생각한다. 각 항목에 '예' 혹은 '아니요'로 답하고 '예'라고 표기한 항목이 몇 개인지 세기만 하면 된다.

☑ 쉼 결핍 증후군 자가 진단 체크리스트

아래의 항목들을 읽고, 지난 한 달 동안 각 항목을 얼마나 자주 경험했는지 평가해 보자. 자기 삶에 가장 합당하다고 생각하는 대답에 체크한 뒤 '예'라고 표기한 항목이 몇 개인지 세어 보자. 개수에 따라 현재 자신이 쉼 결핍 증후군을 어느 정도 겪고 있는지 확인할 수 있다.

1. 항상 바빠서 쉴 시간이 없다고 느낀다.
   예 ____   아니요 ____

2. 쉴 때 죄책감을 느끼거나, '내가 이러면 안 되지'라고 생각한다.
   예 ____   아니요 ____

3. 충분히 잠을 자도 피로가 계속 쌓인다.
   예 ____   아니요 ____

4. 일을 안 하면 불안하거나 스트레스가 쌓인다.
   예 ____   아니요 ____

5. 일에 대한 생각을 멈추기 힘들고, 쉬는 게 불편하다.
   예 ____   아니요 ____

6. 일상 속에서 쉽게 소진되거나 감정적으로 지치는 일이 잦다.

   예 _____   아니요 _____

7. 최근 취미나 여가 활동에서 진정한 즐거움을 느낀 일이 없다.

   예 _____   아니요 _____

8. 쉴 때 주로 핸드폰을 보면서 보내고, 오히려 더 피곤해진다고 느낀다.

   예 _____   아니요 _____

9. 취미 생활이나 나만의 시간을 가지기가 어렵다고 생각한다.

   예 _____   아니요 _____

10. 피로 때문에 다른 사람과 어울리는 게 부담스러우며 혼자 있고 싶다고 생각한다.

    예 _____   아니요 _____

위 질문에 '예'라고 답한 개수가 많을수록 쉼이 부족할 가능성이 크다. 의도적으로 쉬는 시간을 확보하고 몸과 마음을 재충전하는 시간이 필요하다.

결과 해석

• 0~3개: 충분한 쉼을 유지하고 있는 상태

현재 충분한 휴식을 취하고 있으며, 쉼과 일의 균형이 잘 유지되고 있다. 현재의 생활 패턴을 지속하되, 일상에서 스트레스가 증가할 때에도 지금과 같은 쉼의 습관을 잃지 않는 것이 중요하다.

• 4~6개: 약간의 쉼 결핍 상태

약간의 쉼 결핍을 경험하고 있을 가능성이 크다. 일상에 작은 변화를 주어 의도적으로 휴식을 더 자주 취해야 한다. 예를 들어 간단한 명상, 산책 또는 자기 자신을 위한 시간을 정기적으로 가지는 것이 도움이 될 수 있다. 생활 습관의 작은 변화만으로도 균형을 회복할 수 있다.

• 7개 이상: 심각한 쉼 결핍 상태

심각한 쉼 결핍 상태에 있을 가능성이 크다. 스트레스나 피로가 심각하게 축적된 상태다. 이 상태에서는 소진될 위험이 커지며 신체적·정신적 건강에도 부정적인 영향을 미칠 수 있다. 지속적인 쉼의 결핍이 건강에 해롭다는 사실을 인지해야 한다. 아울러 적극적으로 시간을 내어 충분한 휴식을 취하고 일과 쉼의 균형을 찾는 것이 시급하다. 필요하다면 전문가의 도움을 받아 생활 패턴을 개선할 필요가 있다.

2장.

삶을 변화시키는
쉼에 대하여

─────────── 우리가 일 중심 사회에 살고 있는 한 쉼 결핍 증후군은 단순히 해결할 수 있는 문제가 아니다. 이 사회 구조에서는 교육 제도부터 일 중심적으로 발전한다. 어릴 때부터 더 좋은 직장과 직업을 얻기 위해 경쟁하는 시스템이 형성되는 것이다. 이런 환경에서는 일하고 쉬는 법을 배우지 못하며, 결과적으로 쉼 결핍 증후군이 발생한다. 쉼 결핍은 개인의 문제가 아니라 제도적 문제다.

따라서 쉼 결핍 증후군을 극복하기 위해서는 적극적이고 의도적인 접근이 필요하다. 일을 열심히 하면서도 충분한 쉼을 취하는 균형점을 찾아야 한다. 그 균형점 속에서 개인의 삶은 더욱 윤택해지고 인간관계도 원활해지며 에너지가 충만하고 창의적인 상태에서 삶을 누리고 일할 수 있다.

　나아가 쉼에 대한 태도와 방식을 혁신적으로 바꾸어야 한다. 기존의 쉼의 방식에 저항하고 새로운 가치관과 태도로 쉼을 누려야 한다. 나는 이를 '혁신적 쉼'이라 표현한다. 이제부터는 혁신적 쉼과 저항의 가치를 다루며, 이를 통해 우리 삶을 더욱 풍요롭게 만드는 방법들을 살펴보고자 한다.

쉼에도 혁신이 필요하다

　우리가 가장 깊이 저항해야 할 것은 낡은 익숙함이다.

　일은 그 자체로 숭고하다. 모든 노동은 가치 있는 활동이다. 그런데 한국인은 유별나게 열심히 일한다. 그 덕분에 빠른 경제 성장을 이룰 수 있었다. 한국전쟁이 남긴 상처를 두 눈으로 본 사람들은 넓은 도로와 높은 빌딩, 수많은 자동차 등 지금의 모습을 상상할 수도 없었을 것이다.

　하지만 기적 같은 성장 뒤에는 큰 희생이 있었다. 앞서 이야기했듯 일 중심의 삶은 여러 가지 정신 건강 문제와 사회 문제를 가져왔다. 쉼이 이 문제를 해결할 실마리라고 많은 전문가가 이야기하지만, 여전히 쉼은 우리 삶에서 설 자리를 찾지 못한 상태다. 오히려 쉼이 있는 사회로의 전환이 거의 불가능할 정도로 일의 사회적 가치가 커져만 갈 뿐이다. 그래서 필요한 것이 혁신이다.

일에 기죽어 지내던 쉼을 일상에서 생동하게 하려면 기존의 접근을 버려야 한다. 옛것이 더 이상 유효하지 않다면 새로운 것을 과감하게 찾아 나서야 한다는 의미다. 새로운 쉼은 혁신하는 쉼이다. 혁신은 변화이자, 변화가 가져오는 새로움이다.

혁신革新의 가죽 혁革은 사냥한 짐승의 날가죽을 펴놓고 털을 뽑는 모양을 본뜬 글자다. 짐승을 잡아서 가죽을 벗기는 장면을 잠시 떠올려 보자. 사냥당한 짐승은 죽기 전까지 크게 울부짖고 거칠게 발악할 것이다. 피가 사방에 튀고, 상황은 아수라장이 된다. 그렇게 벗긴 가죽은 그 상태로는 쓰지 못하기에 무두질해야 한다. 붙어 있는 단백질 성분과 기름, 불필요한 것들을 다 제거해야 한다. 털도 뽑아내야 한다. 가죽을 부드럽게 하기 위해 도구로 치기도 한다. 이런 과정을 통해 우리가 쓰는 가죽이 되어 가방, 옷, 신발 등으로 활용된다. 결국 혁신을 글자대로 풀이하면 '짐승의 가죽을 벗기고 다듬어 새롭게 한다'라는 뜻이 된다. 현재 우리가 사용하는 혁신의 의미인 '묵은 풍속, 관습, 조직, 방법 따위를 완전히 바꾸어서 새롭게 함'과 일맥상통한다.

새로울 신新은 글자의 왼쪽 아래에 위치한 나무 목木 자와 그 오른쪽에 있는 도끼 근斤 자가 합해진 단어다. 즉 도끼로 나무를 잘라낸 뒤 그것을 잘 다듬어 새로운 것을 만든다는 의미다. 다듬은 나무는 의자, 책상, 가구 등 여러 가지 유용한 물건으로 바뀐다. 가죽을 만드는 것이나 나무를 다듬는 것은 쉬운 일이 아니다. 이처럼 혁신은 시간과 노력이라는 대가를 요구한다. 뚝딱 생겨나는 것이 아니다.

영어 단어로 혁신은 이노베이션innovation이다. 이 단어는 '안in'과 '새로움nova'이 합성된 단어다. 따라서 변화란 안에서 시작되는 것이며, 내부에서 혁신되어야 온전히 새로워진다는 의미를 담고 있다. 겉으로 드러나는 현상을 넘어 눈에 보이지 않는 마음 깊은 곳에서부터 시작된 변화로 삶의 모습까지 바꾸는 것이다. 어떻게 보면 영어의 혁신은 마음과 생각의 변화라고도 할 수 있다.

기술로는 만들어낼 수 없는 마음의 변화

건물이 개조될 때, 새 건물이 새 재료로 더 견고하게 세워질 수 있도록 낡은 재료는 제거된다. _마르바 던

혁신이라는 말을 들으면 기술부터 떠오르는 게 사실이다. 실제로 기술 혁신은 기존의 방식을 근본적으로 변화시켰고, 그 과정에서 인류에게 많은 혜택을 가져왔다. 이 세상의 많은 문제가 기술로 해결되었다. 하지만 쉼만큼은 기술로 해결되지 않았다.

기술로는 인간의 생각을 바꿔 의미 있는 삶을 살아가게 만들 수 없다. 인간은 총체적으로 생각하고 느끼며 다른 사람과 연결되는 존재다. 문화의 흐름 속에서 의미를 추구하는 존재인 것이다. 따라서 쉼의 혁신은 기술의 혁신을 의미하지 않는다. 기술이 쉼의 문제를 해결할 수 있었더라면 일의 세계처럼 쉼의 세계도 고도화되었을 것이다. 어쩌면 쉼의 문제가 사라졌을지도 모른다.

쉼은 기술이 아니다. 쉼은 마음의 변화, 생각의 변화다. 또한 쉼은 저절로 오지 않는다. 짐승의 가죽을 다듬어 무두질하

듯 마음의 노력이 필요하다. 의도성을 가지고 불필요한 것을 벗겨내고 잘라내고 다듬어야 한다.

쉼의 혁신은 '개선'이 아니다. 지금보다 조금 나은 상태로 만드는 개선과 달리 혁신은 새로운 생각과 마음을 가지는 것이다. 쉼에 대한 기존의 생각을 뒤집는 건 쉽지 않다. 단기간에 이루어지지도 않는다. 하지만 시간이 다소 걸리더라도 혁신을 생활화할 수만 있다면 삶에는 놀라운 변화가 생긴다.

그렇다고 해서 혁신이 대단한 것은 아니다. 부담을 가질 필요는 없다. 지금보다 더 나은 삶을 희망하기만 하면 된다. 그 의지를 버리지 않으면 가능한 일이다. 모두가 마음의 혁신을 추구할 수 있다. 새 옷을 입을 때 우선 낡은 옷부터 벗듯이, 전에 가졌던 마음을 버리고 새 마음을 가진다고 생각하자. 이를 다른 말로 '내적 변화'라고 한다. 쉼에 대한 기존 접근 방식을 새롭게 하는 것이다.

사회가 만든 거짓 서사에 저항하라

순응하는 사람은 더 자라지 않는다.

혁신은 또한 저항, 마음의 거센 저항이다. 우리를 억압하고 제한하는 문제에 저항하는 것이다. 우리는 저항을 통해 귀하게 여기는 가치를 굳게 붙든다.

쉼의 혁신은 저항을 통해 자신만의 독특함, 자기다움을 찾아가는 것이다. 다른 사람의 눈치를 보고 따라 하는 삶이 아닌 주체적인 삶을 만드는 것이다. 우리는 어려서부터 순응하도록 배웠다. "잘 순응하는 사람은 착한 사람이며, 능력 있는 사람이다. 적응력은 순응력이다. 순응을 못 하면 낙오자가 된다." 이것이 모두에게 익숙한 삶의 지혜다. 한병철 교수는 오늘날 대한민국에서는 저항이 거의 없으며, 우울과 소진을 동반한 순응주의와 합의가 대세라고 이야기했다. 그리고 세계 최고 수준인 대한민국의 자살률을 짚으며, 사람들이 사회를 바꾸는 대신 스스로에게 폭력을 행사한다고 덧붙였다.[1]

바쁜 삶은 깊이 생각하고 신중히 판단할 시간을 허락하지 않는다. 다수가 가는 길이 내게도 맞는지 물어볼 틈이 없다. 피로한 이들에게는 저항할 힘이 없다. 저항은 이미 피곤에 절어 살아가는 삶에 문제를 더할 뿐이다. 그러나 이런 순응은 더 큰 피로로 삶을 몰아간다. 따라서 혁신가는 순응이 달콤하지만 장기적 관점에서 독이라는 사실을 빨리 눈치챈다.

일을 멈추고 쉰다는 것은 본질적으로 저항이다. 더 크게는 우리 사회가 신처럼 떠받드는 성과와 효율성, 이익 그리고 무자비한 경쟁에 저항하는 것이다. 이러한 사회적 가치는 본질적으로 나쁜 것이 아니지만, 사람보다 더 중요시될 때는 문제가 된다. 그래서 저항이 필요한 것이다. 저항하지 않으면 사회의 가치에 매몰되고 만다.

혁신적 쉼은 저항하는 사람들의 것이다. 따라서 혁신적 쉼을 누리려면 먼저 '저항하는 인간'이라는 의미를 지닌 호모 레지스탕스homo resistance가 되어야 한다. 바쁨이 훔쳐 간 삶을 되찾으려면 철저한 저항을 각오해야 한다는 뜻이다. 이 사회의 지배적이고 억압적인 서사에 도전하고 모든 것에 돈으로 가치를 매기는 풍조에 담대히 저항해야 한다. 그래야 성과와 생산성의 폭력으로 우울해진 삶에 기쁨이 찾아온다.

호모 레지스탕스가 되려면 어떻게 해야 할까? 먼저 기존 세상과 불화를 각오해야 한다. 작은 반란을 시작하는 것이다. 늦더라도 바른 선택, 한병철 교수가 지적한 '자기 착취'가 아닌 선택을 해야 한다. 그래서 내 삶에 '무언가 다르다'거나 '새롭다' 혹은 '진정성 있다'는 자각이 생겨나도록 해야 한다. 창조는 저항 정신에서 시작된다.

호모 레지스탕스의 저항은 이타적이기도 하다. 나의 성공과 안정만을 위한 저항이 아니라, 이 시대의 잘못된 흐름에 대한 저항이기 때문이다. 특히 지나치게 개인주의적이고 '나'만 잘되면 된다고 생각하는 시대에 저항해야 한다. 이미 코로나19를 통해 우리는 이웃과 서로 연결되어 있음을 깨달았다. 그들의 삶이 내 삶에도 영향을 주었던 것이다. 따라서 이제는 우리 사회의 고립 현상에 맞서 진정한 관계를 맺고 공동체를 세워가야 한다.

즉 의도적 쉼은 내 안에 교리처럼 뿌리내린 일 중심의 삶, 나 중심적 삶에 저항하는 것이다.

저항의 이유는 분명하다. 더 좋은 것이 있기 때문이다. 반란 혹은 저항이라는 표현 자체가 반감을 불러올 수 있지만, 기억하자. 의미 있는 변화는 거친 저항을 동반한다. 창업을 하려는 사람이면 기존의 직장에 사표를 던질 수 있어야 하고, 건강에 문제가 있는 사람이면 기존의 라이프스타일을 뒤집어엎어야 건강을 되찾을 수 있다. 쉼 또한 마음을 혁신해야 온전히 누릴 수 있다.

혁신적 쉼, 저항적 쉼

> 어려운 선택은 쉬운 삶을, 쉬운 선택은 어려운 삶을 약속한다. _예지 그레고리

우리가 해야 할 바른 저항은 삶의 질을 낮추고 인간다운 쉼을 방해하는 세력에 맞서는 것이다. 바쁜 일정, 과도한 성과, 끝없는 경쟁 속에 고립시키는 구조에 저항해 서로 연결되고 함께 성장하는 삶을 지향해야 한다.

바른 저항은 쉼을 방해하는 모든 외적, 내적 요소에 맞서 싸우는 것이다. 사회 구조나 문화에 대한 저항뿐 아니라 나의 내면에서 쉼을 거부하는 것이 무엇인지 인식하고 극복해야 한다. 이런 바른 저항을 통해 우리는 참된 쉼과 여유를 회복하고 삶에 깊이를 더하는 여정을 시작할 수 있다.

저항을 말하는 건 쉽지만 실제로 실천하는 일은 훨씬 어렵다. 철학자 한병철 교수가 말했듯 우리가 시스템 안에 있으면서도 자유롭다고 느끼기 때문이다. 이 체제는 억압이 아니라 선택이라는 외양을 통해 지배한다.[2] 우리는 일에 몰두하는 것이 스스로 내린 결정이며, 자유의지로 쉼을 거부하고 있다

고 착각한다. 하지만 그 자유는 조작된 자유다. 그의 지적과 같이 삶의 모든 영역이 자발적 선택이라는 형식으로 포장되어 있는 사회에서는 저항의 가능성 자체가 흐릿해진다. 이러한 현실 진단 속에서 우리는 더욱 의도적으로 멈춤을 실천해야 한다. 그것은 단지 피로의 해소가 아니라, 우리 삶의 방향을 되묻는 조용한 저항이 될 수 있기 때문이다.

그래서 이제부터는 삶에 쉼을 깊이 있게 자리 잡게 하는 중요한 원리들을 소개하고자 한다. 이후 설명할 여섯 가지 쉼은 단순한 휴식의 방법론이 아니라 쉼이 우리 삶에서 어떤 위치에 있어야 하며 어떤 방식으로 작용해야 하는지 알려주는 핵심적인 원리들이다. 이 원리들은 각자의 일상에 쉼을 적용하는 '방향'을 제시하며, 쉼이 내면을 회복하고 삶을 더욱 풍요롭게 만들 수 있도록 도울 것이다.

삶에 쉼의 원리를 적용하면 우리는 피로를 회복한다는 효과를 넘어 자본과 효율성의 압박으로부터 자유로워짐을 경험할 수 있다. 여섯 가지 쉼을 통해 독자들이 자신의 삶에서 새로운 가능성과 변화를 발견하길 바란다.

3장.

멈추는 법을 알아야 나아갈 수 있다

멈춤의 쉼

─────────── '멈춤'은 탁월한 저항 행위다. 세상의 광폭한 속도에 반기를 들고 생명의 리듬을 다시 찾는 급진적 반란 행위다. 멈춤은 우리가 세상에 끌려가는 것이 아니라 능동적으로 참여하는 방식으로 살아감을 보여준다. 우리는 멈춤으로써 무한하고 무질서한 움직임을 잠시 중단하고, 시간에 대한 주도권을 움켜쥘 수 있다.

인생의 다음 악장을 연주하기 위해서는 호흡을 가다듬을 필요가 있다. 그것이 멈춤이며, 이때 기존의 행동과 사고방식에 질문을 던지며 새로운 아이디어를 생각해 낼 수 있다. 숨 가쁘게 돌아가는 시간은 우리의 인내를 훔쳐 갔으며 참을성이 사라진 사회는 공격적으로 변했다. 이 때문에 거칠어진 호흡은 사람을 더욱 거칠게 만들었다. 이 모든 것이 멈춤의 리듬을 잃었기 때문이다.

쉼은 멈춤에서 시작된다

멈춤은 게으름이 아니라 '정신 차림'이다.

삶의 치열한 경쟁 중에 잠시 멈춘다는 건 얼핏 어리석은 일 같아 보인다. 우리는 종종 한두 시간을 쉬면 얼마만큼 손해가 생길까 계산해 보기도 한다. '하루를 쉬면 손실이 얼마나 될까?' '하루를 더 일하면 얼마를 더 벌 수 있을까?' 이 질문들에 대한 답은 한결같다. '경제적 이익을 위해서는 멈출 수 없다'는 것이다. 그렇다면 이런 질문들은 어떨까?

'내가 잠시 멈춰서 쉬면 어떤 이득이 있을까? 하루 푹 쉬면 내 몸과 마음 그리고 내 가족에게 어떤 좋은 일이 생겨날까?'

혁신적 쉼, 저항하는 쉼의 시작은 멈춤이다. 멈춤이라는 첫 걸음을 내딛지 않으면 쉼이 가져오는 축복들을 누릴 수 없다. 물론 큰 용기가 필요하다.

    멈춤은 과도한 약속과 일정에서 벗어나 정말로 중요한 일에 집중할 수 있도록 돕는다. 멈춤으로써 자신의 내면과 다시 연결되고, 삶의 균형을 회복할 수 있다. 멈춤은 현대 사회의 속도와 압박에 저항하며 정신적, 신체적 건강을 지키기 위한 필수적인 수단이다.

    멈추면 호흡의 결이 달라진다. 느리고 편안한 호흡으로 바뀐다. 빠른 속도로 달릴 때는 눈에 들어오지 않던 것들이 비로소 보인다. 봄에는 긴 겨울을 이기고 솟아오르는 새싹이, 여름에는 색색으로 핀 꽃들이, 가을에는 붉은 단풍이, 겨울에는 설경이 눈에 들어올 것이다. 혁신적인 쉼은 멈춤에서 시작된다. 바깥세상뿐 아니라 내면의 세계에서 나를 쉬지 못하게 하는 요소들을 멈추어야 한다. 지금부터 그 요소들에 무엇이 있으며 어떻게 멈추어야 하는지 하나씩 살펴보자.

일을 전부 마칠 수 있다는 착각

    정신없이 바쁠 때는 간단하다. 그냥 멈춰라! _덕 필즈 일을 마쳐야 쉴 수 있다고 생각하지 마라. 그러면 결코 쉴 수 없을 것이다. 일은 완벽하게 끝나지 않기 때문이다. 일 하나를 마치면 언제나 또 다른 일이 생긴다. 그것이 일이다. 그러므로 모든 일을 마쳐야 한다는 강박적 욕구를 먼저 멈추지 않으면 일로부터 자유로워질 수 없다.

가장 먼저 할 일은 일에서 바로 손을 떼는 것이다. 일에서 손을 뗄 줄 알아야 일 아닌 것에 손을 댈 수 있다. 하루의 일을 털어내지 못하면 잠들기조차 어려운 사람이 있다. 하지만 멈춰라. 일할 땐 열심히 하되 멈출 때는 냉정하게 멈춰라.

일하는 도구부터 내려놓자. 들고 나갔던 가방은 집에 도착하면 열어보지 말라. 다음 날 출근까지 가방은 닫혀 있어야 한다. 그리고 노트북, 스마트폰에 접근 금지 명령을 내릴 필요가 있다. 도구가 눈에 아른거리면 일에 다시 매이는 건 시간문제다. 가방이 열리고 노트북이 나오는 순간, 집은 다시 일터가 되고 말 것이다.

급히 처리해야 할 일이 있거나 마감일이 설정된 프로젝트가 있다면 나름의 울타리를 세워야 한다. 상황에 맞게 두 시간, 세 시간은 일거리를 열어보지 않는 것이다. 일도 물론 중요하지만 자기 자신을 돌보고 가족을 돌보는 시간도 필요하다. 이 시간을 미리 배정해 놓고, 그때만큼은 일과 관련된 어떤 행동도 하지 않는 것이다.

일을 멈춘다는 것은 삶이 통째로 일에 빨려 들어가지 않도록 경계를 반듯하게 세우는 작업임을 기억하자.

만족을 모르는 욕망 잘라내기

필요한 것들을 줄임으로써 나는 나를 부유하게 만든다.
_헨리 데이비드 소로

탐욕은 내게 말한다. "너는 충분히 소유하고 있지 않다!" 성취의 욕구도 입을 연다. "네 업적은 충분하지 않다!" 타인의 관심을 받고자 하는 욕구도 가만히 있지 않는다. "지금의 너는 멋지지 않다!" 여기서 멈추면 좋겠지만 편안함의 욕구도 슬쩍 한마디 건넨다. "너는 지금 안전하지 않다." 완벽하고자 하는 욕구도 질세라 합세한다. "네 존재는 아직도 충분하지 않다!" 이런 말을 들으며 쉴 수 있는 사람은 없다. 이들에게 눈을 부라리며 "닥쳐!"라고 호통을 치기 전까지는 말이다.

우리는 욕망의 시대를 살고 있다. 주위는 온통 경쟁과 야망의 싸움이다. 《과잉존재》라는 책을 쓴 영화감독 김곡은 과잉은 뭐든 할 수 있다는 자신감이 아니라 경계를 잃고 비대해진 자아의 종말이라고 설명한다.[1] 그는 또한 과잉을 가벼움을 추구하는 행위로 보았다. 가벼운 공기를 아무리 잡으려 해도 잡을 수 없는 것처럼 과잉의 추구는 허무한 것이라고 말이다. 이 가볍고 허무한 욕망을 멈추지 않으면 쉴 수 없다. 만족을 모르는 욕망을 잘라내는 것, 그 절제가 멈춤이다.

절제하지 않으면 바빠진다. 더 많은 일을 하게 되기 때문이다. 그런데 바쁨은 일이 떠난 일상생활에도 끼어들곤 한다. 일할 때처럼 몸이 바쁘지 않아도 마음은 여전히 바쁘다. 바쁨은 습관이 되어버린다. 바다의 밀물처럼 고민거리는 계속해서 밀려온다. 마음은 가만히 있지 못한다. 바쁜 상태가 정상이라는 생각에 완전히 속고 있는 것이다. 몸을 멈추는 것보다 마음을 멈추는 게 더 어려울지도 모른다. 몸과 마음이 함께 멈추어야 하지만 따로 노는 경우가 많다. 어떻게 하면 분주한 마음을 멈출 수 있을까?

한 가지 행위에 오롯이 집중할 수 있는 활동을 하는 게 도움이 된다. 직소 퍼즐을 해본 적이 있다면 알 것이다. 분주한 마음으로는 할 수 없는 활동이다. 그림 그리기도 마찬가지다. 재미있는 점은 이런 활동을 하고 나면 머리가 상쾌해진다는 사실이다. 나는 낚시를 하며 비슷한 경험을 했는데, 두 시간 집중하고 나면 머릿속이 아주 맑아졌다.

멈춤은 다양한 욕망, 방황하는 마음을 한곳으로 모아준다. 자연스럽게 불안이 사라지고 마음의 방향이 느긋한 곳으로 흐른다. 그러니 거짓된 욕망과 바쁨에 속지 말자. 그것들은 언제나 과대평가되어 왔다.

미디어에 빼앗긴 시선을 되찾는 법

사람들이 자신이 사랑하게 될 기술이 그들을 파괴하리라는 사실을 알지 못하는 시대가 올 것이다. _올더스 헉슬리

미디어를 우리 손가락으로 통제하지 못하면 반대로 미디어가 우리를 통제해 버린다. 스스로 절제할지 미디어에 봉제 당할지는 당연히 우리의 선택에 달려 있다.

많은 이가 스트레스를 풀기 위한 도구로 디지털 기기를

택한다. 물론 적당히 사용하는 건 나쁘지 않다. 문제는 도가 지나친 경우다. 한번 시작한 스크롤링은 몇 시간씩 이어진다. 불행히도 우리는 그것을 '쉼'이라 명명한다. '스크롤 중독'은 삶을 마비시키고, 피곤과 짜증, 지루함, 허무함만을 더할 뿐 인데도 말이다.

    미디어는 어떤 일에 깊이 집중하지 못하게 만들고 주의를 산만하게 한다. 책을 읽다가도 스마트폰을 확인하지 않으면 다음 페이지로 넘어가지 못하는 조절 불가능한 상태까지 가기도 한다. 미디어에는 푹 빠져들게 만드는 힘이 있다. 그러나 그 빠져드는 대상이 중요하다는 자각은 생기지 않아 시간을 잘 보낸다기보다 낭비하고 있다는 생각이 들게 한다.

    기술 혁명은 우리 삶에 혁명적 발전을 가져왔다. 재택근무, 비대면 회의, 비대면 수업, 비대면 상담까지 좋은 변화가 많이 일어났다. 그러나 동시에 집과 사무실의 경계를 모호하게 만들었다. 덕분에 일이 우리 삶에 깊숙이 침범한 것이다. 케빈 드영Kevin DeYoung의 말처럼 우리는 스크린이 삶의 목을 조이도록 허락하고 있다.[2]

    스마트폰이 가져온 스마트하지 않은 현상들이 있다. 칼럼니스트이자 기자인 안길수는 《시간에게 시간 주기》를 통해 스마트폰의 유혹에 대해 말하면서 스마트한 세상이 된 이후로 우리는 잠시도 기계에서 벗어나지 못한다고 고발했다.[3] MIT 심리학과 교수인 셰리 터클Sherry Turkle이 《외로워지는 사람들》에서 이야기했듯, 우리는 함께 있으나 늘 따로 있는 것이다.[4] 생각해 보면 우리는 친구를 만나면서도 스마트폰에 눈과 마음을 둔 채 대화한다. 때로는 '좋아요'를 받을 사진을 위해 친구를 만나기도 한다.

미디어를 멈춰야 한다. 잔인할 만큼 냉정하게 멈춰야 한다. 미디어의 예속에서 벗어나 그것을 똑바로 바라봐야 한다. 미디어가 하나의 도구일 뿐이며, 필요에 따라 이 도구들을 '우리가' 선택해야 함을 명확히 해야 한다. 궁극적으로 결정권을 가지고 있는 건 우리 자신이다.

미디어를 멈추려면 구체적으로 어떻게 해야 할까? 몇 가지 방법을 소개하고자 한다. 먼저 '퇴근'이라는 단어를 다시 정의하자. 전통적으로 퇴근은 회사의 컴퓨터를 끄고 사무실에서 빠져나온 순간부터 시작되었다. 하지만 지금은 그렇지 않다. 스마트폰, 태블릿 등으로 퇴근 이후까지 업무가 계속 이어진다면 그건 퇴근이 아니다. 일터에서 나왔다면 스마트폰, 스마트 워치, 태블릿까지 꺼야 한다. 스스로 그것이 퇴근이라고 정의하자.

또한 '스크린 없는 시간'이 필요하다. 미디어와의 경계를 분명히 긋기 위해 현관문 근처에 바구니를 하나 둘 수도 있다. 매일 시간을 정해놓고 바구니에 스마트폰, 노트북, 태블릿 등을 넣는 것이다. 그렇게 약속된 시간에는 아무도 바구니에 손대지 않는다. 주말 하루 반나절 정도는 인스타그램, 카카오톡, 틱톡, 유튜브 등 특정 SNS를 정해두고 열지 않는 방법도 있다. 물론 알림도 뜨지 않도록 한다.

온전한 쉼을 위해서는 미디어를 멈추어야 한다. 기억하자. 미디어를 길들이지 못하면 그것이 우리를 길들인다는 사실을 말이다.

타인의 눈을 신경 쓰지 않는 연습

남들의 시선에서 자유롭지 않으면 평생 시선의 노예가 된다.

우리는 타인을 지나치게 의식한다. '내가 이렇게 하면 저 사람은 나를 어떻게 볼까?' '내가 이런 옷을 입으면 남들이 좋아할까?' 남들처럼 하지 않거나 남들보다 뒤처지면 소속감을 느끼지 못해 괴로워한다. 이처럼 타인의 시선을 의식하는 건 피곤한 일이다. 내가 진짜로 행복을 느끼는지보다 남의 눈에 행복해 보일지를 걱정하는 삶이 평온할 리 없다.

《30년 만의 휴식》은 성공을 위해 달려가는 30대 주인공 '휴休'의 이야기를 그린 책이다. 저자인 정신분석가 이무석은 휴를 자신이 아니라 남의 기준으로 사는 사람으로 묘사하며, 그의 인생의 키를 남이 잡고 있다고 표현했다.[5] 마치 지금의 우리처럼 말이다.

이 세상에서 가장 바쁜 사람이 누구인지 아는가? 모든 사람을 기쁘게 하려는 사람이다. 이들은 모든 순간이 고되고, 어마어마한 심리적 노동을 하게 된다. 탈진은 이들을 아주 좋아한다.

사회학자이자 여가학자인 다이앤 샘달Diane Samdahl은 누군가에게 평가받는다 여길 때 우리의 자유감은 급속도로 떨어진다고 이야기했다. 또한 사회적 평가가 부재한 상황에서 사람들은 가장 자유롭게 느낀다고 설명했다.[6]

사회적 이목을 거부할 때 쉼은 가까이 다가온다. 남의 기준에 저항할 때 마음에 평온함이 깃든다. 스스로 인정하고 만족하는 삶을 추구할 때 진정한 쉼을 느낄 수 있다. 그리고 그럴 때야말로 '나 스스로 보기에 좋은 사람'이 된다. 나로 만족할 수 있다. 사람들이 뭐라고 하든 나는 나로 충분하기 때문이다.

작가 단테는 이 사실을 아주 오래전에 알았던 듯하다. 《신곡》에서 "다른 사람의 눈을 신경 쓰지 말고 힘차게 나아가라. 그대의 길을 가라. 남들이 무엇이라 하든 내버려두어라"라고 말한 것을 보면 말이다.

완벽하지 않아도 괜찮다

완벽해지려고 애쓰지 마라. 진짜 나로 살아가려고 애써라.
_브레네 브라운

많은 사람이 자기 자신에게 과도한 기대를 걸고, 항상 완벽해야 한다는 압박감을 느끼며 살아간다. 완벽주의, 즉 높은 목표를 설정하고 이를 달성하려는 열망은 성취감과 자기 발전을 가져다줄 수 있다. 그러나 완벽주의에 사로잡히는 순간

스스로를 억압하며 이는 스트레스와 번아웃으로 이어진다. 이 때문에 조그만 실수나 실패에도 크게 좌절하며 스스로를 비난하게 된다.

분명한 건 완벽주의는 우리를 조금도 쉴 수 없게 만든다는 것이다. 우리는 쉴 때마저 칭찬과 인정에 목을 매며 완벽을 추구하려 한다. 당연히 쉼은 멀리 도망간다.

쉼과 완벽주의는 기름과 물처럼 섞이지 않는다. 쉼의 자리에 완벽주의가 끼어들면 우리는 만족 대신 불안과 자기비판 속에서 쉼을 조각내고 만다. 쉼은 휴식이 아닌 또 다른 수행이 되어버리고, 마음은 더 무거워진다. 그렇기에 쉴 때는 완벽주의를 잠시 내려놓아야 한다. 불완전한 나 자신을 허용하는 연습, 그것이 진짜 쉼의 시작이다.

쉼 안에서 완벽주의를 내려놓는 경험을 하면 일할 때도 자신에게 그 무게만큼의 여유를 줄 수 있게 된다. 성과보다는 의미에 집중하는 태도가 싹튼다. 더 나아가 삶 전반에서 완벽주의에 저항할 수 있게 된다. 이는 스스로를 더 이상 몰아붙이지 않겠다는 결단이며 나를 있는 그대로 사랑하겠다는 자기표현이다.

자신에게 관대해지는 연습을 해야 한다. 또한 자신의 한계를 솔직하게 인정해야 한다. 한계도 부족함도 없는 사람은 없다. 우리는 모두 불완전한 인간이고, 실수하고 실패하는 것은 인간으로서 아주 자연스러운 일이다. 이것이 인간이 가진 기본값이며 모든 인간이 공유하는 경험이다. 그러니 쉽지는 않아도 자신의 단점과 약점을 받아들이자. 지나치게 스스로를 비난하지 말자.

특히 쉼을 위해 시작한 활동들, 예를 들어 운동이나 악기 연주 등에 부족함과 어색함, 부끄러움을 느끼더라도 이를 통해 얻는 작은 성취나 노력에 인정하고 기뻐하는 습관을 들이도록 하자. 더 나아가 스스로에게 칭찬과 격려를 아끼지 말아야 한다. 좀 부족해도 괜찮다. 있는 그대로 충분하다. 이 사실을 받아들일 때 쉼이 극대화된다. 이것이 저항하는 쉼의 마음이다.

일상의 전원을 내려 과부하를 멈춰라

당신이 멈추지 않으면 결국 몸이 멈추게 될 것이다.
_브리그리트 슐츠

'과부하'는 현대 사회의 특징 중 하나다. 우리는 항상 무언가를 해야 한다는 압박을 느끼며 일정으로 가득 찬 삶을 살아간다. 일정을 따라가느라 모든 시간과 에너지가 소진된 사람은 진정으로 중요한 것들을 놓치기 십상이다. 때로는 자기 자신을 잃기도 한다. 과부하는 쉼과 삶의 여유를 허락하지 않으며, 우리를 정신적·신체적 피로에 노출시킨다.

우리 사회에서 과부하가 발생하는 주요 원인으로는 과도한 업무와 치열한 경쟁, 긴 노동 시간, 사회적 압박, 디지털 기기 사용 증가 그리고 일과 개인 생활의 불균형이 있다. 높은 성취 기준과 끝없는 경쟁은 과도한 업무 부담과 스트레스로 이어진다. 장시간 근무와 스마트폰 같은 디지털 기기의 과도한 사용은 우리를 정보 과부하 상태로 만들어 정신적 피로를 더한다. 사회의 기대는 충분한 휴식, 자기 관리를 위한 시간을 허락하지 않아 과부하를 감당할 수 없게 만든다.

과부하에는 많은 대가가 따른다. 우선 신체 건강에 해롭다. 우리가 잘 아는 스트레스와 피로의 원인이다. 스트레스를 오래 받으면 면역력이 약화되며, 만성 피로에 빠지고 질병에 걸리기 쉬워진다. 정신 건강에도 해롭다. 일을 지나치게 많이 하면 오히려 일의 질이 더 떨어지고, 자아 상실과 심리적 불안 및 번아웃을 경험하게 된다. 마지막으로 빽빽한 일정은 일을 떠나 삶에서 매우 중요한 것들을 놓치게 만든다. 가족, 친구, 자기 자신과의 소중한 시간 그리고 이를 통해 얻을 수 있는 만족과 행복 말이다.

따라서 과부하에 멈춤으로 저항해야 한다. 사회의 과도한 요구와 압박에 저항한다는 건 일을 멈추는 것만이 아니다. 삶을 재정비하고, 나에게 진짜 중요한 것에 집중하는 것이다. 멈추어 섰을 때야 비로소 나 자신을 들여다보며, 내가 진정으로 원하는 것이 무엇인지 깨닫게 된다. 과부하를 멈추고 삶에 여백을 만들어야 한다. 그래야 그동안 외면했던 나 자신의 내면과 다시 연결되고, 삶의 진정한 의미를 찾을 수 있다.

쏟아지는 약속과 요청을 전부 수용하지 말자. 더 중요한 일에 집중할 때다. 물론 통제할 수 없는 상황도 있을 것이다. 그러나 동시에 당신이 통제할 수 있는 영역도 같은 크기로 존재한다는 것을 알아야 한다.

멈춤은 지혜로운 행위다. 이 행위는 더 나은 삶을 만들 수 있다는 희망을 가져온다. '많음'이 무조건 가치 있는 건 아니다. 세상의 기준과 시선이 무조건 옳은 것도 아니다. 이것들은 전부 과부하를 불러온다. 내가 가진 것이 조금 적어도, 내가 남의 눈에 차지 않는 사람이라는 생각이 들어도 괜찮다. 나만 내가 마음에 들면 되는 것이다. 그럼으로써 진정한 내 삶을 살아가는 것이다. 언제까지 세상이 시키는 대로 하겠는가? 내 삶의 방향을 찾기 위해서는 먼저 세상의 방향에 맞서야 한다.

쉴 때마다 죄책감이 느껴진다면

자기 돌봄은 이기적인 게 아니다. 가장 선한 사람은 자신을 먼저 돌볼 줄 아는 사람이다. _오드리 로드

쉴 때면 죄의식이 슬그머니 고개를 든다. 남들은 열심히 살아가는데 나만 무위도식을 하는 것 같다. 쉼을 통한 '자기 돌봄'이 사치 같다는 생각이 드는 것이다. 이러한 죄책감은 진정한 쉼을 방해한다. 우리는 죄책감 때문에 공연히 컴퓨터를 켜보고, 밀린 이메일과 과제들을 들추기 시작한다. 쉼에 대한 권리를 우리 손으로 포기해 버리는 것이다.

무엇보다 죄책감은 불안을 가중시킨다. 이 때문에 휴식

을 취하는 동안에도 일을 하지 않는다는 불안감에 모처럼 찾아온 평안을 다 날려 보낸다. 일을 하는 것도 아니고 쉬는 것도 아닌 어중간한 상태로 시간을 보내게 되는 것이다. 그러면서 생각한다. '이 시간에 차라리 일을 했으면.' 이런 쉼은 일의 연장일 뿐이다. 쉬면서도 번아웃이 오는 상황으로 이어진다. 이처럼 슬그머니 찾아오는 일에 대한 부담감은 결국 우리를 신체적, 정신적으로 소진되게 만든다. 자기 존중감도 저해한다. 스스로를 돌보는 일이 잘못되었다고 느끼며 자신의 가치를 부정하기 때문이다. 따라서 쉬면서 자책을 하는 건 자기 사랑이 부족하다는 뜻이다.

멈춤의 쉼은 건강과 행복을 위해 의도적으로 '스스로에게 시간을 허락하는 것'이다. 일과 사회적 기대가 죄책감이라는 족쇄를 채우려 할 때, 단호하게 독립을 선언하는 것이다. 더 나은 삶을 위한 탁월한 선택이며, 나 자신을 돌보겠다는 의지의 표현이다. 우리에게는 나의 필요와 욕구를 나중으로 미루라는 사회적 압박을 거부하는 연습이 필요하다.

자기 돌봄에 대한 죄책감을 멈추고, 쉼이 필요함을 인정하고 받아들이자. 쉼은 삶을 재정비하고 행복과 만족을 찾는 중요한 단계다. 그러므로 일이 주입하는 죄의식과 타협할 필요가 없다.

쉼은 사치가 아니라 권리다. 죄책감을 버리자. 나를 돌보는 시간은 잘못이 아니라 삶을 주도적으로 살아갈 수 있게 하는 중요한 한 걸음이라고 선언해야 한다.

삶에 지루함을 받아들일 것

지루함은 아이디어의 인큐베이터다. _마누엘 리마

어릴 때 자주 하던 말이 있다. "지루해 죽겠어." 하지만 도무지 지루함을 견딜 수 없어 무엇이든 해야 했던 건 어린 시절의 추억만은 아니다. 어른에게도 지루함은 피하고 싶은 적이다. 똑같이 반복되는 일을 해야 하는 직업을 가진 사람들은 "시간이 너무 느리게 간다"라고 말하며 치를 떤다. 지루해서다. 지루함은 인류에게 환영받은 역사가 없다. 다양한 놀이와 게임이 생겨난 배경도 사실 지루함을 이기기 위해서였다.

그래서 생겨난 말도 있다. "무언가를 하는 것이 아무것도 하지 않는 것보다 낫다." 어떤 경우에는 정말 그렇지만, 항상 그런 건 절대 아니다. 이 말 또한 성과와 생산성 중심의 사회가 만들어낸 거짓 서사다. 이 거짓이 스마트폰을 아기들이 울고 보챌 때 입에 넣어주는 '쪽쪽이' 같은 것으로 바꾸어버렸다. 그래서 스마트폰을 들면 아이가 울음을 그치듯 지루함의 보챔도 그치는 것이다. 사회의 거짓 서사는 우리로 하여금 지루함을 피해야 할 상대로 규정하고 이것과 불필요한 싸움을 벌이도록 부추긴다.

그러나 초고속 시대, 과잉 정보 시대를 사는 우리는 지루함을 새롭게 이해해야 한다. MIT의 심리학 교수 셰리 터클은 흥미롭게도 지루함이 우리의 상상력과 창의력을 키우는 위대한 자양분이라고 주장한다.[7] 그는 현대인이 디지털의 함정에서 빠져나와 더 넓은 환경에 삶을 다시 연결시켜야 한다고 말하며, 지루함에는 혁신에 불을 붙이는 놀라운 힘이 있다고 설명한다.

지루함과 창의력에는 어떤 연관이 있을까? 어떻게 지루함이 혁신의 원동력이 되는 걸까? 쉽게 말해서 지루함은 '활동'의 상태에서 '존재'의 상태로 뇌를 전환시키는 중요한 역할을 한다. 여기서 '활동'의 상태란 뭔가를 계속 해야 한다는 압박 속에서 외부 목표를 향해 집중하는 상태다. 반면 '존재'의 상태는 성과나 목적에서 잠시 벗어나 내면을 느긋하게 들여다보는 상태다. 지루함은 바로 그 전환의 문이 된다. 지루한 상태를 부정적으로 평가하는 사회의 생각과 달리 지루함은 우리의 신경 시스템을 안정시켜 주고, 현대 생활에서 끊임없이 느끼는 자극으로부터 벗어날 수 있게 해준다. 한마디로 혁신의 자양소다. 우리는 지루할 때 더 혁신적일 수 있다.

역사적으로 예술가나 건축가, 사상가들은 지루함의 과학을 아주 잘 이해했던 사람들이다. 그중 하나가 '몽상의 아버지'라 불리는 심리학자 제롬 싱어Jerome Singer다.[8] 그는 지루함을 '긍정적—건설적 몽상'으로 보았는데, 외부 자극이 부재할 때 우리의 내면 작업장은 활동적인 각성 생활의 제약을 벗어난 아이디어를 탐구할 수 있다고 주장했다.

철학자 블레즈 파스칼Blaise Pascal도 마찬가지였다.[9] 그는 "인류의 모든 불행은 방 안에 조용히 혼자 머무르지 못하는 것에서 비롯된다"라고 했다. 파스칼은 지루함 속에서 인간은 내면의 깊이와 자신을 직면하게 된다고 보았으며, 이러한 과정이 새로운 통찰과 혁신의 근원이 된다고 여겼다.

예술가 살바도르 달리Salvador Dalí도 지루함의 힘을 아주 잘 이용한 인물이다.[10] 그는 때때로 의도적으로 지루하게 있었다. 그리고 그 순간에 떠오르는 비현실적이고 초현실적인 이미지를 캔버스에 담곤 했다. 그의 작품은 지루함이 창의적인 아이디어의 원천이 될 수 있음을 보여주는 대표적인 사례다.

즉 지루함은 피해야 할 대상이 아니라 받아들여야 할 귀한 손님이다. 지루함을 통한 '정신적 배회'는 창의력과 새롭고 독창적인 아이디어의 발전에 필수적이기 때문이다. 지루함은 '비집중'으로 뇌를 충전하고 조정해서 필요할 때 창의성을 발휘하도록 하는 과정이다.

우리는 지루함을 잘 견디는 사람은 창의력이 없고 재미없는 사람이라고 생각하곤 한다. 하지만 뇌의 비밀을 알면 생각이 달라질지도 모른다. 뇌과학은 '지루함'이 뇌의 특정 신경망인 기본 모드 네트워크 Default Mode Network, DMN를 활성화하는 정신 상태라고 정의한다. 어떤 과학자들은 이를 '상상력 네트워크'라고 부르기도 하는데, 우리의 가장 독창적인 아이디어가 여기에서 태어난다는 것을 의미하는 명칭이다.[11]

독일의 명상가 니콜레 슈테른 Nicole Stern은 집중과 비집중은 기능이 다르며, 집중은 길 앞을 똑바로 비추는 폐쇄적이고 좁은 광선인 반면 비집중은 멀고 넓은 곳까지 비춰 주변을 볼 수 있게 해주는 광선이라고 말하기도 했다.[12]

지루함의 과학, 기본 모드 네트워크

기억하라. 당신의 뇌는 아무것도 하지 않을 때 가장 바쁘게 일한다. _피코 아이어

지루함의 가치를 더 잘 이해하려면 무엇보다도 뇌의 기본 모드 네트워크를 알아야 한다. 우리 뇌가 창의적으로 기능하는 방식을 이해하는 데 핵심적인 개념이기 때문이다. 기본 모드 네트워크는 신경과학 용어로, 특정한 목표를 지향하는 작업에 참여하지 않을 때 활성화되는 뇌 영역의 집단을 의미한다. 우리가 아무것도 하지 않을 때 우리의 의도와 관계 없이 뇌가 하는 일인 것이다.

구체적인 프로젝트에 집중하거나 특정한 문제를 해결하는 등 주의력과 집중력을 요구하는 작업을 할 때는 뇌의 다른 영역이 활성화된다. 실행 네트워크executive network다. 실행 네트워크는 뇌의 특정 영역들이 협력하여 이루어진 시스템으로, 주의력, 계획, 문제 해결, 그리고 목표 지향적 행동을 조절하는 데 중요한 역할을 한다. 주로 전두엽의 전두전야, 두정엽과 같은 뇌의 고위 기능을 담당하는 영역들로 구성된다.[13,14]

작업을 멈추고 마음이 방황하도록 내버려두면 기본 모드 네트워크가 활성화되기 시작한다. 이 상태에서 뇌는 한가해지지 않는다. 우리도 모르게 적극적으로 정보를 처리하고 재구성하며 종합한다. 바로 이 순간에 창의력이 번쩍인다. 기본 모드 네트워크가 새로운 연결을 만들어내고 추상적으로 사고하게 하며 상상력을 발휘할 수 있게 도와주기 때문이다. 현재의 작업과는 관련이 없는 무궁무진한 아이디어들이 태어나는 정신적 놀이터나 마찬가지다.

즉 창의력은 어떤 문제에 깊이 집중할 때보다 생각과 마음이 자유롭게 부유할 때 더 많이 발휘된다. 뇌가 더 다양한 가능성과 새로운 연결을 탐색하는데, 이 과정이 창조적 아이디어나 독창적 해결책을 발견하는 데 도움을 주는 것이다. 샤워를 할 때나 가볍게 산책할 때 불현듯 기발한 아이디어가 떠오르는 것이 그 예다.

때로는 하던 일을 멈추고 마음을 자연스럽게 풀어주자. 아무것도 하지 않는 것처럼 보여도 뇌는 사실 그 시간에 매우 중요한 작업을 하고 있다. 생각의 방황, 지루함은 곧 창의력으로 이어진다는 사실을 잊지 말자.

심리학자 조너선 스몰우드Jonathan Smallwood 또한 마음이 한

가할 때 자연스럽게 생성되는 자발적인 생각과 창의력 사이에 깊은 연결이 있다고 주장했다.[15] 구체적인 목표 없이 마음이 방랑하는 상태일 때 혁신적인 아이디어와 깊은 통찰력을 발견할 수 있다는 것이다.

기본 모드 네트워크는 우리가 흔히 말하는 '멍 때림'과 깊은 관련이 있다. 멍하니 있을 때, 즉 마음이 특정한 과제에 묶여 있지 않을 때 우리의 창의성은 최적화된다. 카이스트 뇌공학과의 정재승 교수에 따르면 이전에는 몰입 상태, 즉 뇌가 하나의 생각에 온전히 집중할 때 창의성이 발휘된다고 여겼지만, 사실 창의적인 아이디어는 멍 때리기와 같이 완전히 비목적적인 사고를 할 때 더 자주 떠오른다고 한다.[16] 결국 창의적인 아이디어가 가장 많이 쏟아지는 때는 멍을 때리며 뇌가 완전히 이완된 상태일 때다.

의도적으로 멈추고, 지루함을 받아들여라. 디지털 혁명이 초래한 산만함이 만연한 이 시대에 지루함의 가치는 더욱 커졌다. 스마트폰 같은 디지털 기기가 주는 자극은 뇌의 기본 모드 네트워크가 활성화될 기회를 훔쳐 가고 있다.

여기서 생각해 봐야 할 문제는 우리가 지루함을 피하려고 의식적으로 또는 무의식적으로 자극을 계속 받아들이고 있다는 점이다. 이제 정보나 자극에 지나치게 몰입하지 말고, 의도적으로 지루함을 우리의 삶에 받아들여야 할 때다. 그래야 나의 가장 창의적인 자아를 발견할 수 있을 것이다.

멈춘 채 아무것도 안 해도 좋다

가끔은 아무것도 하지 않는 것이 가장 생산적인 일이 된다.
_탈 벤 샤하르

우리는 이제 '무언가를 하는 것이 아무것도 하지 않는 것보다 낫다'는 생각이 항상 옳지 않다는 사실을 알았다. 아무것도 하지 않는 것은 게으름의 증거가 아니다. 정신적, 신체적 건강을 위해 의식적으로 선택해야 하는 중요한 치료 요법이다. 현대 사회의 빠르고 복잡한 흐름 속에서는 잠시 멈추는 게 비생산적이라는 생각이 들 수도 있다. 그러나 멈춤은 사회적 소음에서 한 걸음 물러나 생각을 정리하고 진정으로 중요한 것을 판별할 수 있는 시간을 만들어준다.

계획된 무활동, 즉 '의도적으로 아무것도 하지 않기'는 매우 혁신적이다. 우리의 인지 능력과 창의성을 크게 향상시킬 수 있기 때문이다. 전략적으로 행동을 멈추고 생각을 정리함으로써 스스로에게 새로운 아이디어를 찾고 감정이 성숙해질 기회를 주어야 한다. 그래야 복잡한 문제를 해결하고 혁신적인 생각을 이끌어낼 수 있다.

지루함을 두려워하거나 피하지 말자. 오히려 생각과 삶에 반영해야 한다. 지루함은 새로운 경험을 추구할 기회가 될 수 있다. 그리고 생각해 보라. 마음이 맞는다 여긴 사람도 '지루한 시간'을 함께 보낼 수 있는 사람이었지 않은가? 이처럼 마음의 성장, 좋은 관계의 성숙 또한 지루하고 평범한 순간들 속에서 발현된다는 것을 기억하자.

4장.

일이
삶의 전부는 아니다

일하지 않는 쉼

─────────── 일로 사람의 가치를 매기는 시대가 오자 사람들은 정체성에 더 큰 혼란을 느끼기 시작했다. 어떤 사람을 잘 알려면 어떤 정보가 필요할까? 보통 우선적으로 알고 싶어 하는 건 그 사람이 무슨 일을 하느냐다. 그리고 그가 하는 일에 따라 그의 가치가 매겨진다.

내가 누구인지는 내가 하는 일로 대변할 수 있다. 따라서 사람들이 가치 있게 여기는 일을 하면 자아정체감이 상대적으로 높아진다. 의사, 변호사, 교수, 기업의 CEO 등 소위 전문직이나 고소득 직군일수록 그런 경향이 두드러진다. 그래서 처음 만난 자리에서 소개할 때 "나는 이런 일을 하는 사람"이라고 떳떳하게 말하는 것이다. 어깨를 쫙 펴고 힘 있는 목소리로 말이다.

반면 직업이 사회적 기준으로 보았을 때 변변치 못하면 위축되어 버린다. 자신이 누구인지, 더 정확히는 무슨 일을 하는지 말할 때면 목소리가 작아지고 어깨가 움츠러든다. 실직 상태이기라도 하면 내세울 것이 없어 더욱 기가 죽는다. 사람들이 모이는 곳에 가려고 하지 않을 수도 있다. 이처럼 직업은 곧 내가 된다.

하지만 사실 직업보다도 자아정체감을 결정하는 더 현실적인 요소가 있다. 바로 수입이다. 1년 동안 받는 연봉의 액수가 내 자아정체감의 실질적 가격이다. 사람들은 무슨 일을 하든 돈을 많이 벌면 그만큼 부러워하기 때문이다. 전통적으로 권위 있다고 여겨지지는 않지만 돈을 잘 버는 직업들이 있다. 연예인이나 인플루언서, 프로게이머, 투자자 등이다. 특히 투자로 성공해서 책을 내거나 강연을 하는 사람들은 "몇 년 만에 얼마를 벌었다" 같은 말로 수입을 내세운다. 수입이 자아정체감을 결정한다는 것을 보여주는 예다. 이를 통해 알 수 있는 건 사람 자체가 아니라 그 사람의 생산성과 돈이 자존심의 기본값이 된다는 사실이다.

일, 우리의 정체성을 규정하는 것

인간을 피로하게 만드는 성과 사회의 철학과 시스템에 맞서 저항해야 한다. _월터 브루그만

일과 관련된 정체성 이야기를 조금만 더 해보도록 하자. 베스트셀러 작가 팀 켈러Tim Keller는 "많은 사람이 일 뒤에 숨겨진 '일 아래의 일'을 한다"라고 말했다.[1] 조금 어렵게 들리지만, 설명을 들으면 바로 이해할 수 있을 것이다. 켈러는 일에는 앞서 말한 명예, 수입 등 보이는 측면의 가치와 보이지 않는 측면의 가치가 따로 있다고 주장한다. 보여지지 않는 측면은 바로 '일을 통해 자신의 자아를 표현하고 증명하려는 욕구'다. 한 개인에게는 일을 통해 자신의 중요성을 찾고 정체성을 확립하려는 욕구들이 있다는 것이다. 그것이 바로 '일 아래 일'이다.

우리 삶의 문제는 일 자체보다 '일 아래 일'에 있다. 켈러에 따르면 사람들은 이처럼 일 뒤에 숨은 중요성 때문에 과로와 탈진의 상태에 이를 만큼 일한다. 인정받고 싶다는 마음, 자신의 중요성을 찾으려는 욕구 때문에 웃고 울며 목을 매는

결과로 이어진다는 것이다. 더 큰 문제는 실직 혹은 은퇴로 일할 기회 자체를 잃었을 때다. 이 경우 그냥 일을 잃은 것에 그치지 않는다. 자기 자신을 잃은 것과 같은 충격이 찾아온다. 자아의 효능감과 정체감이 무너지게 된다. 그러니 우리는 죽기 전에 자아정체감의 죽음을 먼저 경험하는 셈이다.

철학자 한병철 교수도 비슷한 맥락의 주장을 했는데, 일을 통해 성공의 욕망을 표출하고자 하는 사람들을《피로 사회》에서 잘 보여주었다.[2] 그에 따르면 일은 성공과 성과의 욕망을 잔뜩 부추김으로써 생산성을 극대화한다. 일은 인간이 가지고 있는 아주 중요한 심리적 동기를 건드리면서 생산성을 이루어가는 것이다. 또한 그는 자본주의가 이처럼 자발적인 착취의 양상을 보인다고 말하며, 이에 따라 성과의 주체인 인간 또한 스스로를 착취한다고 주장한다. 즉 "가해자인 동시에 피해자"인 것이다.

우리는 스스로에게 어떤 해를 끼치고 입는 것일까? 그는 능력과 성과, 성공으로 자신의 존재감을 확인하는 과정에서 자아가 피로해진다고 설명한다. 반대로 자신의 욕구에 만족하지 못할 경우 좌절과 우울이 찾아온다는 것이다. 이는 다시 자아정체감에 영향을 미치고, 결국 우리는 스스로를 '낙오자'

라고 생각하기에 이른다. 이처럼 일 아래의 일은 본의 아니게 독소를 내뿜는다.

내일의 일을 위해 오늘을 희생하는 사회

미래를 위해 오늘을 포기하는 습관은 결국 '언젠가의 삶'만 꿈꾸다 아무 때도 살지 못하는 사람으로 만든다.

그럼에도 일은 중요하다. 일을 해야만 먹고살 수 있기 때문이다. 나만 먹고사는 게 아니라, 내 가족도 먹여 살린다. 또한 일은 내 이웃과 사회가 잘 살게끔 만드는 데 기여하는 행위다. 귀한 가치이며, 이런 점만 따져보아도 일은 당연히 '갑'이다.

불법으로 규정된 일을 제외하고 모든 일은 사회를 이끌어 나가고 지탱해 나간다. 물건을 만들고, 배달해 주고, 아플 때 병을 고쳐주고, 망가진 물건을 수리한다. 도로에 널린 쓰레기를 치우기도 한다. 어느 것 하나 더 중요하고 덜 중요하지 않은 이 다양한 일은 우리 각자에게, 또 우리 사회에 꼭 필요한 것이다.

우리는 이 믿음 아래 열심히 일했다. 그 대가로 생산성도 GDP도 높아져 제법 잘 사는 나라의 국민이 되었다. 하지만 앞서 이야기했듯 일에만 큰 가치를 부여한 탓에 인간의 중요한 욕구들을 등한시하는 현상이 나타났다.

지금의 교육 현장을 보면 도덕, 미술, 음악, 체육 등 전인교육이 형식적이라는 인상을 지울 수 없다. 본격적으로 산업화가 되면서 '일 잘하는 사람' '더 좋은 직장을 잡는 사람'을 만드는 것이 교육의 목적이 되어버린 탓이다. 조금 더 노골적으로 표현하자면 '좋은 대접을 받는 일'을 하도록 학생들을 준비시키는 것이 교육의 우선순위가 되었다.

이제 아이들은 경제적 안정을 가져다주는 돈 잘 버는 일을 잡고자 학교와 학원에서 밤 늦도록 시간을 보낸다. 아이들에게도 쉼은 사치다. 좋은 대학을 가고, 좋은 직장을 잡으면 누릴 수 있는 신기루일 뿐이다. 문제는 그렇게 생겨난 습관이 일생 지속된다는 것이다. 어릴 적에는 눈치채지 못하지만 말이다.

어른들이 일 아래 일을 하듯, 아이들도 '공부 아래 공부'를 하고 있다. 좋은 일을 얻으려는 욕망이 공부의 동기가 되자 스스로를 착취하게 되었다. 그러나 노력이 무조건 보상받으리라는 법은 없다. 입시 혹은 입사 시험에서 기대하던 결과가 나오지 않을 수도 있다. 당연하게도 지나치게 열심이었던 이들은 좌절하고 우울해진다.

사회적 압력과 그에 따른 주변의 기대가 아이들이 공부 아래 공부를 하도록 몰아세운다. 감당하기 어려운 일이다. 이 때문에 아이들은 계속해서 지쳐가고 있다. 이 상황을 그대로 두고 볼 것인가? 나는 '미래의 일'에 치우친 욕망을 바로잡고, 건강한 방향으로 유도할 수 있는 통로가 필요하다고 생각한다.

일 중심의 가치에 반기를 들다

우리는 가치에 대한 급진적인 혁명을 이루어야 합니다. 신속하게 '물질 중심 사회'에서 '사람 중심 사회'로 전환해야 합니다. _마틴 루서 킹 주니어

일과 '일 아래 일'에 저항하고 쉼의 가치를 높이는 것은

쉽지 않다. 비생산적인 것을 생산적인 것과 동등하게 두려는 건 큰 가치 전환을 요구하는 시도다. 생산성보다 사람을 먼저 두고, 쉼의 가치를 하락시키는 모든 것에 저항해야 하기 때문이다.

신학자 월터 브루그만Walter Brueggemann 박사가 말하는 저항 정신이 여기에 적용된다.[3] 생산성 중심의 사회에서 쉼이 온전히 받아들여지려면 개인의 과도한 욕망, 욕망을 교묘하게 재생산하는 문화, 가혹한 노동을 강제하는 구조와 권력에 저항해야 한다는 것이다.

생각을 조금만 달리하면 된다는 식의 접근은 천진난만하다. 생각의 전환은 훌륭한 시작이지만, 여기에 저항 정신이 더해져야만 기존에 우세했던 가치와의 현격한 차이를 좁힐 수 있다. 기존 가치에 대항할 수 있는 강한 저항이 필요한 것이다.

이제부터는 쉼을 선택할 수 있는 상황이 아닐지라도 쉼을 선택하자. 일을 하지 말라는 말이 아니다. 분명한 경계선을 그으라는 것이다. 경계선을 분명히 긋는 것이 곧 저항이다. 쉼으로 물질에 대한 욕망을 제어할 수 있는 울타리를 만들어야 한다.

상품을 생산하고 소비하는 데 삶을 저당 잡히지 않겠다는 다짐을 하자. 이 같은 다짐만으로 '생산' '발전' '소유' '경쟁'이라는 단어의 굴레에서 벗어날 수 있다. 우리 사회에 팽배한 물질주의와 단절하는 것이다. 이는 많은 사람이 뜨겁게 열망하는 '더 많은 것, 더 나은 것, 더 새로운 것'에 드는 반기이며, 건강과 행복보다 경제적 이익을 우선시하는 자본주의적 서사에 맞서는 행위다.

끈질기고 지속적인 일의 폭력을 가만히 놔두어서는 안 된다. 의식적으로, 의도적으로 일과 생산성이 전부라 믿는 삶으로부터 돌아서자. 저항은 혁신이다. 따라서 일에 대한 저항, 즉 쉼은 우리 생각과 마음 그리고 삶의 태도에 대한 혁신이다.

저항하지 않으면 어떻게 될까? 쉽게 상상해 볼 수 있다. 당장 내일부터 아무 일도 하지 않는다고 가정해 보자. 곧 자기 자신이 가치 없는 사람이 된 것 같은 느낌이 찾아온다. 이 감정은 내면 깊은 곳에서 점차 몸집을 불려 자존감에 상처를 내기 시작한다. 그리고 그 아픔을 견디지 못한 우리는 서둘러 일의 도구를 쥐게 된다. 어떤 일이든 척척 해내는 능력 있고 자신감 있는 사람일지라도 '편안하게 아무 일도 하지 않는 시간을 보내기'는 힘들어하는 이유가 바로 여기에 있다.

애리조나대학교 종교학과 교수 알레한드로 나바Alejandro Nava는 경고한다. 돈, 권력, 쾌락 같은 시장의 가치는 우리 삶의 아름다움, 사랑, 연민, 보살핌, 배려, 경외 같은 귀한 가치를 멀리 밀어낸다고 말이다.[4] 우리가 살고 있는 이 시대는 삶의 가장 소중한 가치를 잃고 있다. 그렇다면 우리는 모든 일을 효용과 속도의 기준으로 판단하는 이 사회에서 어떻게 잃었던 가치를 되찾을 수 있을까?

쉼의 가치를 높이는 법

쉼은 생명을 위한 날이다. 인간은 일하는 짐승이 아니며, 쉼은 일의 효율성을 향상시키기 위한 것이 아니다.
_아브라함 헤셸

우리 사회의 기존 가치관은 흔히 일과 쉼을 양팔 저울 위에 올려놓았을 때 일에 무게를 훨씬 더 많이 실어준다. 우리 삶과 의식은 이렇게 일방적으로 쏠린 현상, 일과 쉼의 가치가 크게 격차를 보이는 현상에 익숙해져 있다. 우리는 입으로

'워라밸work-life balance'을 외친다. 그래도 일과 삶에 어느 정도 균형이 있어야 하지 않겠느냐는 것이다. 그럼에도 쏠림 현상은 사라지지 않는다. 워라밸을 입으로 말할 뿐 진짜로 살아내지는 못하기 때문이다.

일의 가치가 현격히 높은 우리 사회는 여전히 '일이 갑질을 하는 사회'다. 쉼은 일의 갑질에 늘 주눅 들어 있다. 일을 위한 보조적 수단으로 일의 눈치만 볼 뿐이다. 쉼은 미루어도 문제가 없지만, 일은 절대로 미룰 수 없는 것으로 여겨진다. 몸이 아파도 마찬가지다. 죽을 만큼 아프지 않은 한 일은 계속된다. 그만큼 쉼은 뒤편으로 물러나 있다.

일이 힘든가? 지치고 고된가? 그렇다면 쉬어야 한다. 쉬었다가 다시 힘차게 시작해야 한다. 그러려면 쉼보다 일이 중요하다는 생각, 일과 삶 그리고 쉼의 '현실적 균형'을 무너뜨리는 가장 큰 적에 대응해야 한다. 쉼과의 균형을 원한다면 쉼에 무게를 실어주어라. 그간 우리는 계속해서 일의 손을 들어주었고, 그래서 일의 무게가 훨씬 무거운 상태다. 쉼도 갑이 될 수 있도록 해주어야 한다.

오늘날 우리 사회에 만연한 쉼 결핍 증후군의 주요 원인은 '일을 너무 많이 해서'가 아니다. '너무 바빠서'도 아니다.

그보다 더 근본적인 원인은 가치 불균형에 있다. 일이 쉼에 갑질을 하고, 을인 쉼은 일 앞에서 주눅이 들어 고개를 들지 못하고 있는 상황이 문제인 것이다. 이 같은 모습은 우리 삶에 쉼이 숨을 쉴 수 없도록 만들었다.

우리는 지금까지 쉼을 쉼답게 대우했을까? 만약 그러지 못했다면 지금이라도 늦지 않았다. 소외되었던 쉼에 올바른 가치를 부여해 주자. 그러면 일도 쉼도 만족할 것이다.

우리는 일을 잘하기 위해 쉬는 것이 아니다. 숨통을 열고 살기 위해서 쉬어야 한다. 더 정확히 말해 '잘 살기 위해' 쉬어야 한다. 일의 폭력 아래에 놓인 삶의 귀한 영역들을 되찾아 누리기 위해서 쉬어야 한다. 무엇보다 지치고 병든 몸과 마음을 돌보기 위해 쉬어야 한다. 자기를 돌보는 건 일을 위한 것이 아니라, 나 자신을 위한 것이다. 삶이 먼저다. 일이 먼저가 아니다.

자신의 일을 온전히 이해하고 일하는 사람이 얼마나 있겠는가? 많은 경우 우리는 자신의 일을 온전히 이해할 수 없다. 일을 잠시 멈추고 그 일에서 떨어져 나와 다른 활동에 몰두할 때에야 비로소 일을 올바르게 보는 시각을 얻을 수 있다. 일뿐만 아니라 내 삶을 이해하는 깨달음도 이때 온다.

일에 파묻히면 시야가 짧아진다. 하지만 쉼은 삶의 큰 그림을 볼 수 있도록 시야를 열어준다. 쉼을 통해 넓은 시야와 건강한 몸과 마음을 갖게 된다면, 이러한 상태로 다시 일을 하고 다른 사람들을 대하게 된다면 새로운 관점으로 눈앞의 과제를 마주할 수 있다. 하지만 이때 기억해야 할 것이 있다. 일을 위해서 쉬라는 이야기가 아니라는 것이다. 새로운 관점을 얻는 건 쉼이 안겨주는 귀한 혜택일 뿐이다.

창의성 대가들의 휴식 방법을 알려주는 책《이토록 멋진 휴식》은 쉼이 가장 생산적이고 창의적인 상태에 이르는 길이라고 말한다.[5] 이 말에는 추가 설명과 강조가 필요한데, 쉼이 생산적인 것을 위해 있다는 의미로 보일 수 있기 때문이다. '생산적인 상태' 즉 그러한 존재에 이르도록 도와준다는 뜻이지, 생산적이고 창의적인 상태로 '일하기 위해' 쉬는 것이 아니라는 점을 분명히 알아야 한다.

쉼을 단순히 '일의 부재' 혹은 '일의 보조'라고 생각하지 말자. 쉼은 사물과 현상을 그 자체로 관찰하고 사색하며 즐길 수 있는 마음 자세다. 삶의 숨길을 열어주는 것이고, 더 좋은 삶을 만들어가는 주춧돌이다. 우리는 삶을 누리기 위해 쉰다.

일하지 않는 당신도 당신이다

일이 멈췄다고 해서 당신이 멈춘 것은 아니다.

우리 사회가 일과 각 개인이 이룬 성과로 가치를 평가하는 탓에 우리는 다른 것에서 내적 가치를 매길 기회를 잃어버렸다. 직업 하나만으로 나의 정체성을 보여줄 수 있을까? 우리의 정체성을 취미 등과 연결할 수 있다면 어떨까? 생각해 보자. 내가 넓은 하늘을 날아다니는 행글라이더라면? 원숭이보다 암벽을 잘 타는 등반가라면? 자유롭게 세상을 딛는 마라톤 주자라면? 세상에 보탬이 되는 일을 하는 자원봉사자라면?

나는 이런 정체성을 가지고 다가오는 사람을 만나면 괜히 기뻐진다. 그리고 함께 커피를 마시며 그의 이야기를 듣고 싶어진다. 행글라이더에 대해서, 암벽 등반에 대해서, 마라톤에 대해서, 하고 있는 자원봉사에 대해서 묻고 또 듣고 싶다. 아마 그 사람의 고유한 향기를 느끼는 즐거운 시간이 될 것이다. 반면 자신이 어떤 직업을 가지고 있고 어떤 일을 하는지, 얼마나 성과를 내는지에 대한 이야기만 늘어놓는 사람은 만나고 싶지 않다.

우리의 정체성은 일과 생산성과 긴밀하게 연결되어 있지만, 그것만이 전부는 아니다. 일은 '나'를 나타내는 하나의 지표일 뿐이다. 일 외에도 다른 것이 있다. 일하는 내가 아닌 다른 내가 있다. 나의 정체성을 일에만 국한시키지 않고 내가 즐겁게 여기는 다른 것으로 표현할 수 있어야 한다. 이는 쉼도 우리 삶의 '갑'일 때 가능한 일이다.

일이 유일무이한 가치일 때 세상은 모노톤일 것이다. 그러나 쉼도 동등한 가치를 지닌다면, 세상은 다양한 색깔로 채워진 아름다운 모습일 것이다.

쉼은 도구가 아닌 목적이다

쉼은 자기 삶의 조화로운 균형이 어떻게 깨져 있는지 보여준다. _레오나르도 다빈치

우리는 계속 일만 할 수 없다. 그렇다고 계속 쉴 수만도 없다. 일하기도, 쉬기도 해야 한다. 그러나 여러 번 강조했듯 쉼

은 일을 위한 재충전의 수단이 아니다. 생산성을 위한 쉼은 결국 생산성 때문에 타협되고 착취당하기 마련이다. 우리는 무엇보다 더 잘 살기 위해 쉬어야 한다. 살려고 쉬어야 한다. 쉼은 삶의 필수적 요소이며, 일의 부산물이 아니다. 생산성을 위한 휴식처가 아니라 그 자체가 목적이다.

따라서 쉼은 그 자체로 중요하다. 쉼에 생산성을 더하지 말자. 쉼의 근본적인 성격을 해치기 때문이다. 이렇게 생각해 보자. 쉼이 열심히 일한 것에 대한 보상이라면, 우리는 언제쯤 쉼을 충분히 '벌었다'라고 판단할 수 있을까? 쉼은 일의 보상이 아니라는 이야기다. 그 자체로 고유한 가치임을 기억하자.

니콜레 슈테른은 책 《혼자 쉬고 싶다》에서 "우리는 일하기 위해 쉬는 것이 아니라, 제대로 쉬기 위해 일하는 것이다"라고 주장한다.[6] 쉼을 강조하려는 의도가 있는 주장이다. 하지만 나는 일을 위한 쉼도, 쉼을 위한 일도 없다고 이야기하고 싶다. 일은 일대로, 쉼은 쉼 자체로 가치 있는 것이다. 일과 쉼은 서로를 위해 존재하는 것이 아니라고 주장하고자 한다. 둘 다 목적이지 수단이 아니다. 쉼은 일을 더 잘하기 위해 회복하는 시간이 아니다. 더 제대로 살기 위해 회복하는 시간이다.

쉼이 일을 위해 존재하지는 않지만, 우리가 일을 제대로 하게끔 만드는 힘을 길러준다. 쉼에 몸과 마음을 새롭게 해주는 기능이 있기 때문이다. 쉼은 우리 삶에 활력을 되찾아 주고 새로운 하루를 살아가게 하는 능력이다.

오늘부터는 쉼이 그 자체만으로 고유한 가치가 있다는 점을 기억하자. 작가 팀 켈러는 쉼에는 어떠한 정당화도 필요하지 않다고 이야기한다. 생산적이지 않아도, 단순히 즐기는 것만으로도 쉼에는 시간을 할애할 만한 충분한 이유가 있다. 유용성이 없다고 여겨지는 활동일지라도 인생에 즐거움을 선사하는 일이라면 이를 충분히 누릴 줄 알아야 한다.

그런데 지치지 않았을 때도 쉬어야 할까? 나는 이 질문에 "물론"이라고 대답하고 싶다. 쉬어야 한다. 피곤해서 쉬는 게 아니라, 생동감 있는 삶을 살기 위해서 쉬는 것이기 때문이다. 그렇다면 실직자도 쉬어야 할까? 이 또한 물론이다. 실직 상태 즉 일에서 비롯된 정체성에 속을 필요가 없다. 일을 하고 있지 않더라도 쉼을 통해 자신의 다른 긍정석인 정체성을 발견하고 개발해야 한다. 그게 취미든 봉사든 말이다. 이를 통해 정체되지 않는 삶, 궁극적인 삶의 재건이 가능해진다.

은퇴한 사람도 쉬어야 할까? 마찬가지다. 쉼은 일에 종속되지 않는다. 그리고 쉼은 활동하지 않는 것이 아니다. 일과 관계없이 계획을 가지고 삶의 질과 건강을 증진하고 유지하려는 활동을 해야 하며, 그것이 바로 쉼이다.

결론은 이것이다. 일로부터 자유로워져야 한다. 의도적으로 말이다.

쉼의 윤리를 찾아야 할 때

일의 윤리는 깊이 뿌리내렸지만, 쉼의 윤리는 여전히 외면받고 있다. 그러나 지금 우리에게 꼭 필요한 건 바로 그 잊힌 윤리다. _앨런 패들링

윤리는 개인 또는 집단의 행동을 지배하는 도덕적 원칙이나 가치의 체계를 말한다. 일반적으로 도덕적 원칙의 더 넓은 학문이나 연구를 나타내는 '윤리학'과 달리 '윤리'는 특정 관행, 전문 직업 또는 그룹을 지배하는 구체적인 지침이나 원칙

들을 묘사하는 데 자주 사용된다. '의료 윤리'나 '기업 윤리'가 그 예다. 쉽게 말해 윤리는 특정 분야에서 유지되는 도덕적 원칙이나 가치를 나타내는 나침반으로 보면 된다.

많은 이가 유럽에서 시작된 오래된 프로테스탄트식 일의 윤리에 익숙하다. 프로테스탄트식 일의 윤리는 기본적으로 개인의 근면, 성실, 절약 등을 덕목으로 내세운다. 사회학자 막스 베버Max Weber는 프로테스탄트식 일의 윤리가 근대 자본주의 정신과 깊은 관련이 있다고 주장했다.[7] 당시에는 일을 열심히 그리고 탁월하게 수행하는 것이 윤리이자 인간의 중요한 덕목이었다. 프로테스탄트 직업 윤리와 관련된 핵심 가치들은 오랫동안 많은 문화, 특히 기업 및 비즈니스 분야에 깊게 뿌리박혀 있다.

그러나 지금 우리가 살고 있는 이 시대는 프로테스탄트 직업 윤리가 팽배했던 시기와는 다르다. 그 이후로 많은 시간이 흘렀다. 그럼에도 경제 성장을 목표로 한 높은 직업 윤리는 오늘날에도 여전히 근면성과 성실성을 강조한다. 열심히 일하는 것, 생산성을 높이는 것이 곧 아름답고 건강한 사회적 가치로 여겨진다. 이러한 일의 윤리는 일이 인간의 삶보다 더 높은 가치를 가졌다는 생각을 내포하고 있다. 이 때문에 쉼을 계속 등한시하게 되는 것이다. 반복해서 이야기했듯 이런 현상은 우리에게 스트레스와 탈진을 선사했다. 인간 소외와 삶의 질 저하 또한 그 대가였다. 이 문제에 저항하는 방법은 없을까?

나는 '쉼의 윤리'가 답이라고 생각한다. 삶이 일보다 위에 있다고 말하는 것이다. 일이 있고 사람이 있는 것이 아니라 사람이 있고 일이 있는 것이라고 주장하는 것이다. 그렇다고 해서 쉼이 일보다 더 중요하다는 건 아니다. 일도 중요하고, 쉼도 중요하다. 즉 '균형'이다.

우리는 더 많은 일을 처리하는 도구가 아니다. 수많은 사상가가 말했듯 우리는 인간의 '행동'이 아니라 인간이라는 '존재'다. 그리고 우리라는 존재는 《이토록 멋진 휴식》에서 말하듯 일이라는 들숨, 쉼이라는 날숨으로 호흡한다. 둘 중 어느 하나도 사라져서는 안 된다. 호흡이 가빠질 때를 생각해 보자. 들숨과 날숨은 함께 거칠어진다. 들숨이 거친데 날숨이 평온할 리 없다. 즉 일을 격렬하게 많이 할수록 쉼도 더 자주, 의도적으로 취해야 한다. 이 호흡의 리듬에 문제가 생기면 우리 몸과 삶 그리고 관계에도 문제가 생긴다.

일의 윤리와 쉼의 윤리를 합하면 다음과 같은 중요한 결론이 나온다. 일은 갑이고, 쉼도 갑이다. 일이 들숨이면 쉼은 날숨이다. 이 둘을 합해야 호흡이듯, 일과 쉼을 합해야 생명의 기본 리듬이 생겨난다.

5장.

그 욕망은 정말로
당신의 것인가

욕망을 재조정하는 쉼

─────── 우리 안의 욕망은 욕심꾸러기다. 아무리 채우려고 해도 끝이 없다. 마치 두더지 잡기 게임처럼 여기저기에서 마구 튀어나오는 것이다. 두더지를 망치로 치면 잠깐 사라졌다가 곧 다른 구멍에서 머리를 내밀듯이 우리 욕망 또한 하나를 채우면 금세 다른 욕망이 불쑥 솟아오른다. 질서도 없고 그래서 예측할 수도 없다.

욕망은 정말로 쉼이 없는 욕심꾸러기다. 이 질서 없는 욕망은 우리의 쉼을 훔쳐 간다. 남보나 너 잘나고 싶고, 더 많이 가지고 싶고, 더 좋은 것을 먼저 차지하고 싶은 마음이 뜨겁게 끓어오른다. "더 많이, 더 높이, 더 크게!" 욕망이 이렇게 소리치는 상황에서는 쉬고 싶어도 쉴 수가 없다. 불만족이 삶을 지배할 뿐이다. 즉 마음속 욕망이 무질서하게 날뛸 때 쉼은 점점 멀어진다.

무질서한 욕망을 방치하면 어떤 일이 생길까? 우리가 방치한 욕망은 강물이 제방을 넘듯 일상, 관계, 개인의 건강 및 다른 삶의 영역에까지 좋지 않은 영향을 미친다. 만족할 줄 모르는 욕망을 좇느라 과로와 스트레스에 시달리고, 죄책감과 수치심, 불안, 우울 등과 불필요한 씨름을 하게 된다. 가족을 비롯한 주변 사람들과의 신뢰감, 친밀감, 유대감도 사라질 수 있다. 한마디로 질서 없는 욕망은 삶을 혼란 속으로 끌고 가는 고속열차나 다름없다.

쉼은 이 무질서한 욕망을 재정렬한다. 무질서한 욕망에 저항하는 힘이 바로 쉼에 있다. 쉼은 조용히 잠자고 있던 건강한 열망을 흔들어 깨운다. 취미 등 즐거운 활동, 의미 있는 만남과 관계, 새로운 기쁨의 발견은 내 안의 건강한 열망을 성장시킨다. 이 건강한 열망이 건강하지 못한 욕망을 이기는 것이다. 건강하지 못한 욕망을 없애는 것이 아니다. 새로운 열망으로 건강하지 못한 욕망을 무력화하는 것이다. 이는 쉼을 통해서만 이루어지는 과정이다.

과잉의 시대, 욕망에는 절제가 필요하다. 어떻게 해야 쉼이 무질서한 욕망을 조정할까? 이를 알기 위해서는 욕망에 대해 조금 더 살펴보아야 한다.

욕망이란 무엇인가

욕망은 우리 삶을 아래로 끌어내리는 중력이다. 욕망이 너무 무거워질 때, 삶은 천천히 기울고 뒤틀린다. _시몬 베유

긍정적인 측면에서 욕망은 우리에게 동기를 부여하고 삶을 움직여 나가는 엔진과 같은 역할을 한다. 욕망이 있기 때문에 우리는 아침에 일어나서 하루를 살아간다. 동시에 욕망은 우리를 넘어지게도 한다. 특히 통제를 벗어난 욕망은 우리 삶을 이리저리 몰고 다닌다.

토마스 아퀴나스는 13세기 이탈리아의 뛰어난 지성으로, 서양 문명의 형성에 중요한 역할을 한 사제이자 철학자다. 어느 날 누군가 그에게 "인간의 욕망을 만족시키기 위해서는 무엇이 필요한가?"라는 철학적 질문을 던졌다. 아퀴나스는

이 질문에 대해 간단하게 "모든 것"이라고 대답했다.[1] 인간의 욕망을 충족하려면 세상 모든 것을 경험해야 한다고 본 것이다. 모든 것을 채울 수 있을까? 성경에 등장하는 지혜로운 왕 솔로몬은 이와 비슷한 경험을 했으나, 결국 "모든 것이 헛되다"라고 결론지었다. 즉 모든 것의 욕망은 헛된 것이다.

J. R. R. 톨킨J. R. R. Tolkien의 동명 소설을 영상화한 영화 〈반지의 제왕〉 시리즈는 우리 내면의 욕망을 잘 그려냈다. 이 영화는 사악한 힘을 가진 '절대 반지'를 파괴하려는 일행의 여정을 그리고 있다. '가운데땅'의 평화를 위협하는 존재 사우론이 그의 힘을 모두 담아 만든 반지를 되찾으려 한다는 데부터 이야기가 시작된다.

반지는 사우론이 만들었지만, 이실두르라는 인물에게 빼앗긴다. 이실두르는 절대 반지를 파괴하지 않고 소유하려 했으나 결국 죽음에 이르렀고, 그의 죽음과 함께 반지의 행방은 묘연해진다. 먼 훗날, 절대 반지는 강인한 정신력을 가지고 평화를 사랑하는 호빗이라는 종족의 프로도의 손에 들어가게 되는데, 그는 그 절대 반지를 파멸의 산으로 운반해 파괴해야 하는 운명적인 임무를 맡게 된다.

프로도뿐만 아니라 여러 호빗 친구와 엘프, 난쟁이, 마법

사로 구성된 원정대가 이 위험한 임무에 동참한다. 원정대는 가운데땅을 가로지르는데, 끊임없이 사우론의 군대와 배신자들의 위협을 받는다. 이 과정을 원정대는 우정과 용기, 희생적 협조로 이겨낸다.

여기에서 두 종류의 욕망이 대비된다. 무질서하고 난폭한 욕망과 질서 있고 아름다운 욕망이다. 먼저 무질서의 욕망을 살펴보자. 영화의 핵심은 절대 반지다. 절대 반지를 끼면 엄청난 힘을 가지게 된다. 사우론과 같은 강력한 존재들은 이 반지로 더 큰 힘을 얻을 수 있는데, 이 때문에 사우론과 부하들은 반지를 되찾기 위해 살인과 폭력을 행사한다.

이뿐만이 아니다. 영화에는 빼놓을 수 없는 캐릭터가 하나 등장한다. 골룸이다. 골룸은 절대 반지의 힘에 중독되어 모든 것을 잃어버린 존재다. 욕망에 사로잡혀 이성과 인간성이 무너지고, 존재 자체가 반지에 묶여버린다. 충혈된 눈과 초췌해진 몸이 비참한 처지의 증거다. 결국 그의 삶은 파멸로 끝나는데, 이는 욕망의 파괴력을 상징적으로 드러낸다.

절대 반지를 바라보며 부르는 골룸의 유명한 대사 "내 보물My precious"은 우리가 욕망을 어떻게 대하는지 보여준다. 우리 또한 골룸처럼 욕망을 '소중한 것'이라 착각하며 중독되어

버린 건 아닐까?

　반면 영화에는 질서 있고 고귀한 욕망의 모습도 잘 묘사되어 있다. 용감한 호빗 프로도는 고향인 샤이어의 평화를 위해 여정을 떠난다. 왕의 후손인 아라곤과 지혜로운 마법사 간달프도 마찬가지로 선을 지키고자 악에 맞선다. 그들의 욕망은 파괴를 멈추고 평화를 되찾으려는 고귀한 마음이다.

　프로도의 충실한 친구 샘와이즈는 위험한 일에 앞장서면서 프로도를 반지의 유혹에서 지켜낸다. 진정한 우정과 희생이 돋보이는 장면이다. 호빗, 마법사, 엘프, 난쟁이 등 다양한 종족으로 결성된 원정대가 죽음의 위협 속에서도 하나로 뭉칠 수 있었던 것은 우정과 협력 그리고 세상을 구하겠다는 의지 덕분이다. 이들이 보여주는 고귀한 욕망은 질서 있고 가치 있는 힘으로, 여정을 이끌어가는 원동력이 된다.

　영화에서 한 가지 욕망을 더 찾을 수 있다. 바로 절제의 욕망이다. 절대 반지는 어둠의 힘으로 사람을 타락시키는 속성을 지니고 있다. 반지를 소유한 사람의 마음을 교묘하게 흔들어, 시간이 지날수록 마음이 부패되고 반지에 지배당하게 된다. 프로도는 위험할 때마다 반지의 힘을 쓰고 싶은 유혹에 빠지지만 끝까지 절제한다. 간달프도 힘든 순간에 반지의 힘을 사용할 수 있었지만 유혹을 뿌리친다. 권력에 대한 욕망이 자신을 타락시킬 수 있다는 것을 알았기 때문이다. 이 영화는 힘을 사용할 수 있는 상황에서조차 절제하는 용기를 보여준다. 질서 있는 욕망을 가지고, 절제의 힘으로 무질서한 욕망을 이겨내는 모습을 영화에서 확인할 수 있다.

무질서한 욕망 vs. 질서 있는 욕망

> 욕망은 본래 악이 아니다. 그러나 그것이 질서를 잃을 때, 인간을 무너뜨린다. _아우구스티누스

영화에서 보여주는 대표적인 무질서의 욕망은 힘과 권력이다. 힘과 권력의 유혹은 누구에게나 똑같이 찾아온다. 타인을 지배하고 권력을 유지 혹은 강화하려는 욕망이 대표적이다. 우리 삶에도 이런 욕망이 가득하다. 더 많이 갖고자, 더 높이 올라가고자, 더 빨리 이루고자 하는 욕망 말이나.

무질서한 욕망은 특히 '이기심'으로 나타난다. 타인에게 해를 끼치는 상황까지도 무릅쓰며 자기 보신에 집중하는 것

이다. 또한 무질서한 욕망은 마음과 몸을 끊임없이 불안정한 상태에 머물게 하며 개인 성장에 필요한 쉼과 평안에서 멀어지게 만든다.

무질서한 욕망의 더 구체적인 예를 들어보자. 과도한 소유욕, 술이나 약물 등에 대한 의존, 타인에 대한 애착, 권력에 대한 무제한적 추구, 명예와 승진에 대한 강박, 위험한 수준의 도박, 불건전한 관계, 타인의 희생을 강요하는 경쟁의식 등. 이 외에도 많다. 이런 무질서한 욕망은 건강 문제, 높은 스트레스, 삶의 만족감 저하, 낮은 자존감, 공허, 불안, 우울 등의 문제를 야기한다. 개인적인 문제만 일으키는 것이 아니라 자신의 이익만을 추구하는 과정에서 가족, 친지, 친구 등 중요한 사회적 관계에 소홀해진다. 이는 고립과 긴장으로 이어질 수 있다.

반면 프로도와 반지 원정대의 평화, 우정, 의리, 협조, 자유, 헌신, 사랑은 전쟁과 죽음, 공포가 가득한 영화 속에서 아름답고 신선하게 그려진다. 이러한 질서 있는 욕망은 이들의 힘과 용기의 공급처였다. 질서 있는 욕망은 우리의 내면에 흐르는 아주 잔잔하지만 강력한 힘이다. 옳은 일에 집중하는 능력이며 절제된 힘이다.

질서 있는 욕망은 우리를 진정한 자아를 반영하는 행동으로 이끈다. 이를 통해 우리는 스스로에게 진실해질 수 있으며 자부심을 얻는다. 무질서한 욕망과 달리 질서 있는 욕망은 개인의 성장과 발전을 위한 촉매다. 우리를 편안하게 만드는 것을 넘어서 배우고, 발전하고, 변화하도록 격려한다. '무엇을 얻을 수 있는가'보다 '어떤 사람이 될 수 있는가'에 집중한다.

질서 있는 욕망을 가진 사람은 규칙적으로 운동하고 균형 잡힌 식사를 하면서 건강한 생활 습관을 유지한다. 지식을 쌓고 견문을 더 넓히기 위해 독서를 하고, 온라인 강의를 듣는다. 글을 쓰거나 그림을 그리며 창의성을 개발하기도 한다. 자원봉사를 하며 사회에 기여하고, 가족과 함께 시간을 보내고, 친구에게 전화를 하거나 방문해 교제한다. 관심의 초점이 자기 파괴가 아닌 자기 돌봄에 있다.

이처럼 질서 있는 욕망은 일과 삶에 조화를 가져온다. 아무리 바빠도 나 자신을 돌볼 수 있는 활동을 포함한 라이프스타일을 꾸려가도록 한다. 또한 주변 사람들과 상호적인 관계를 만들도록 우리를 독려한다. 이러한 질서 있는 욕망 덕분에 깊은 기쁨과 만족감을 누릴 수 있다. 이것이야말로 '잘사는 삶'이 아닐까?

무질서한 욕망이 만들어낸 마음의 싱크홀

나는 더 이상 내 영혼의 주인이 아니었다. _오스카 와일드

흔히 '싱크홀'로 알려진 지반 함몰 현상을 아는가? 세간에 잘 알려진 사건이 하나 있다. 2010년 과테말라의 과테말라시티에 지름 20미터, 깊이 30미터의 싱크홀이 발생한 것이다. 이 싱크홀은 3층짜리 공장을 삼키고 교차로 하나를 무너뜨렸다. 도시 공공시설에 심각한 피해를 입힌 것은 물론이고, 인명 피해까지 발생했다.

싱크홀이 생긴 건 자연재해 때문이 아니었다. 땅을 순식간에 침식시킨 건 홍수와 하수관 부실 관리였다. 이 사건 이후 소 잃고 외양간 고치듯 도시 계획가와 건축가들이 하수 시스템 정기 검사를 실시하게 되었다.

싱크홀은 지표면 아래에서 보이지 않는 침식이 일어나 예상치 못하게 지반이 붕괴되는 현상이다. 한번 일어나면 지면 위의 모든 것을 삼켜버린다. 우리가 무질서한 욕망을 방치했을 때도 이와 같은 일이 벌어진다. 나는 이를 '싱크홀 증후군'이라고 칭하고 싶다.

싱크홀 증후군은 한 개인이 무질서한 욕망을 절제하지 못해 서서히 침식당한 삶이 어느 날 한꺼번에 무너지는 현상을 일컫는다. 건강, 관계, 자아의 붕괴를 경험하는 상태다. 우리가 욕망이라 부르는 것은 부정적인 특성이 아니지만, 균형을 잃고 무리하게 지속될 때는 이처럼 파괴적인 결과를 가져온다. 무질서한 욕망이 삶을 침식시키고, 이로 인해 생긴 싱크홀이 조절되지 않는 욕망 때문에 계속해서 커지는 것이다.

자연 현상이 아닌 인간의 삶에서 싱크홀을 경험한 예가 있다. 바로 아일랜드의 극작가이며 시인인 오스카 와일드다. 그의 싱크홀 경험기는 그가 쓴 옥중 수기에 잘 드러나 있다.[2]

"나는 내 천재성의 낭비자가 되었다. 영원한 젊음을 낭비하는 것이 나에게 이상한 기쁨을 가져다주었다. 높은 곳에 있음에 지쳐, 새로운 감각을 찾아 극적으로 깊은 곳으로 내려갔다. 비정상적인 것이 나에게 열정의 영역이 되었다. 욕망이란 질병 혹은 미친 행동 아니면 둘 다였다. 다른 사람들의 삶에 부주의해졌다. 쾌락이 내게 오면 나는 그 쾌락을 취하고 지나갔다. 일상 속의 작은 행동이 내 성품을 만들거나 파괴한다는 것을 잊었고, 그래서 비밀의 방에서 한 일은 언젠가 지붕 위에서 큰 소리로 외쳐야 한다는 것을 잊었다. 나 자신을 다스리는 주인이 되지 못했다. 나는 더 이상 내 영혼의 주인이 아니었고, 그것을 알지 못했다. 나는 쾌락이 나를 지배하게 했다. 나는 끔찍한 불명예로 끝났다."

무질서한 욕망을 방치한 대가는 싱크홀이다. 싱크홀은 너무도 넓어서 자칫 내 주변의 사람들까지 함께 침몰시킬 수 있다.

정기적으로 멈추어 삶을 돌아보아야 한다. 의도적인 쉼을 통해 그동안 관심을 두지 않고 마음속에 키워만 왔던 무질서한 욕망을 발견해야 한다. 침식의 징조는 없는지 면밀히 살펴보아야 한다. 인생이 망가지는 이유는 하나다. 너무 마음대로 살았기 때문이다. 마음의 무질서, 욕망의 무질서를 재조정해야 한다.

쉼은 무질서한 욕망의 재정렬이다

자기 절제란 내가 원하는 것을 더 원하는 어떤 것 때문에 포기하는 것이다. _오즈월드 체임버스

과식하면 체하듯 욕망 또한 과하면 체한다. 욕망 관리는

욕망의 재조정이며, 쉼을 통해서만 가능하다. 쉼은 '나'의 선택권이 많은 영역이다. 일의 세계는 내게 선택권이 많지 않기 때문에 욕망을 재조정하기가 어렵다. 쉼은 그렇지 않다. 쉼을 통해 재조정된 욕망은 일과 삶의 여러 영역에도 좋은 영향을 미친다. 특히 이 과정에서 절제의 능력이 생긴다.

자기 절제란 무엇일까? 할 수 있어도 나의 가치관과 맞지 않으면 하지 않는 것이다. 가질 수 있어도 과하다 느끼면 소유하지 않는 것이다. 예를 들어 충분한 수입이 있어도 필요 이상의 비싼 차를 구매하지 않는 것이고, 주머니에 여윳돈이 있어도 배가 부르면 음식을 더 주문하지 않는 것이다.

절대 반지가 가진 권력의 힘이 프로도와 간달프를 끌어당길 때, 그들 또한 그 유혹을 쉽게 떨쳐낼 수 없었다. 유혹에 맞서는 그들의 모습은 씨름 선수가 힘겨루기를 하듯 고통스럽게 보인다. 하지만 그들은 이 '절제의 싸움'에서 굴복하면 공동체의 평화가 무너지리란 것을 알고 있었고, 권력 대신 평화를 선택했다. 절제로 무질서한 욕망을 이겨낸 것이다. 이처럼 자신과의 싸움을 통해 유혹에 맞서는 것, 그것이 바로 절제의 힘이다.

일상에서 절제는 어떤 모습으로 나타날까? 해야 하는 일을 할 때를 보면 알 수 있다. 귀한 주말을 소셜 미디어에 쏟지 않고 땀 흘리며 운동을 하거나 평소에 읽고 싶었던 책을 읽는 것이다. 친구들과의 급조된 술자리보다 가족과의 약속된 저녁 식사를 택하는 것이다. 즉 절제란 순간의 욕망대로만 살지 않는 능력이다.

절제를 통해 욕망이 재조정된다. 재조정된 욕망은 불필요한 것에서는 눈을 떼게 하고, 중요한 것에 초점을 맞추게 한다. 절제하지 못하는 삶은 에너지를 엉뚱한 곳으로 흘려버리는 삶이다.

많은 사람이 시간 관리에 큰 관심을 가진다. 시간을 지혜롭게 쪼개 가장 효율적으로 사용하면서 더 많은 것을 이루고자 함이다. 가장 적은 시간을 들여 가장 많은 성과를 내면 시간 관리에 성공했다고 말한다. 하지만 시간 관리 전문가들은 시간 관리가 아니라 우선순위를 관리하라고 조언한다. 우선순위라는 건 곧 우리의 욕망이니, 시간 관리가 아니라 욕망 관리 즉 절제가 필요한 셈이다.

절제는 삶의 우선순위를 바로 세우는 데 큰 도움이 된다. 중요한 것들을 가장 큰 욕망의 대상으로 놓고, 두 번째로 중요한 것들을 하위 욕망이 되도록 재정렬하는 것이다. 절제는 순간적인 만족감 뒤에 다시 갈증을 만드는 충동적인 욕망이 아니라, 내가 진정으로 이루고 싶은 가치를 먼저 추구하게 만든다. 이렇게 재정렬된 욕망은 진정성, 균형 그리고 지속 가능한 만족으로 삶을 인도한다.

삶의 우선순위를 바로 세우는 힘, 절제

마음은 악기처럼 조율이 필요하다. _존 오도너휴

절제에는 노력이 필요하다. 감정, 욕구, 행동을 조절해야 하기 때문이다. 따라서 피로감이 생기는 일이다. 이 피로감은 쉼으로 해소되며, 이 과정에서 자기 조절 능력이 길러진다. 적절한 쉼은 의지력을 강화하고, 세상을 대하는 방식을 개선하여 스스로를 더욱 잘 통제할 수 있도록 해준다. 따라서 쉼 없는 절제는 지속 가능하지 않다. 생채기가 났을 때 연고를 바르듯, 지쳐버린 절제에도 쉼이라는 연고가 필요하다.

제대로 쉰 사람은 배부르게 먹고 잠든 아이처럼 만족스럽고 평온한 상태가 된다. 가족과 보낸 즐거운 시간, 오랜만에 만난 친구와 나눈 이야기, 문득 마주한 자연의 아름다움, 기다렸던 가수의 신곡, 땀을 흠뻑 흘릴 정도로 몰입한 스포츠 경기 등으로 스트레스를 해소한 사람은 상쾌함을 느낀다. 사회적 만족, 신체적 만족, 정서적 만족을 경험한다. 이러한 쉼을 누린 사람은 다시 일이나 사회생활을 할 때도 절제할 줄 안다. 그래서 독일이 사랑하는 작가 괴테가 "진정한 행복은 절제에서 솟아난다"라고 말했는지도 모른다.

호흡이 힘들어 병원에 가면 의사는 엑스레이 촬영부터 하자고 말할 것이다. 엑스레이 촬영 없이 증상을 진단하지 않는다. 엑스레이에서 이상이 발견된다면 조직 검사 등으로 문제를 특정해 나간다. 종양이 있다면 수술로 떼어내야 할지, 방사선 치료까지 해야 할지 세밀하게 확인한다. 이 과정은 왜 마음이 무질서하고 해로운 욕망으로 가득한지 그 원인을 파악하고 이를 재조정하게 해주는 좋은 쉼의 과정과 비슷하다. 우리가 바쁘다는 핑계로 검진을 미루며 병을 방치하듯, 쉼을 미루며 무질서한 욕망을 방치하는 것마저도 말이다.

당신을 가슴 뛰게 하는 것은 무엇인가

우리가 살면서 잃어버린 삶은 어디에 있는가? _T. S. 엘리엇

서강대학교 철학과의 최진석 명예교수는 요즘 사람들이 자신이 무엇을 원하는지 모른다고 이야기한다.[3] 심지어 스스로 무엇을 원하는지 물어본 적도 없다는 것이다. 내부에 깊은 갈망이 없다는 이야기다.

이해 못 할 바는 아니다. 나 또한 요즘 사람들을 이해한다. 어렸을 때부터 늘 바빴던 이들에게는 자기 자신을 생각할 시간과 기회가 없었다. 가정이나 학교, 사회에서도 그런 과제를 주지 않았다. 사람의 역량을 판단할 때도 '어떤 생각을 가지고 있느냐'가 아니라 '어느 대학 출신이고 어떤 자격증을 가지고 있느냐'가 기준이니 말이다.

비단 청년들만의 문제가 아니다. 전 세대의 문제이기도 하다. 당신은 당신이 진정으로 원하는 것을 알고 있는가? 물어본 적 있는가? 대답이 쉽게 나오지 않을 것이다. 이토록 바쁜데 왜 그런 골치 아픈 질문을 하겠느냐고 되물을 수도 있다. 당신은 지금껏 가슴이 설렐 만한 일을 만나지 못했다. 사회의

기준을 숨차게 따라가느라 자신이 누구인지, 무엇을 원하는 사람인지 물어볼 여력도 없었다. 이 사회의 기준에 따라 형성된 생각의 알고리즘은 당신이 정말로 원하는 것을 알아채지 못하게 만들었다.

서울대학교 심리학과의 최인철 교수는 진정 원하는 것이 무엇인지 묻는 게 일상화된 사회에 살면 원하는 것이 명확해진다고 주장한다.[4] 서로에게 던져야 할 질문이 지식이나 학벌, 통장의 잔고가 아니라 좋아하는 것의 잔고라는 것이다. 당신은 어떤가? 좋아하는 것은 무엇이고, 잔고가 얼마인가?

쉼은 바로 이렇게 자기 자신을 들여다보는 시간이다. 내 마음의 기호를 물으며 삶의 방향을 가늠하고 확인하며 계획할 수 있는 기회다. 다른 사람을 흉내 내는 삶이 아니라 누가 뭐라 해도 내가 좋아하는 것을 찾아서 할 수 있도록 독려하는 힘, 나라는 존재에 의미를 부여하는 힘이다.

열망을 불러일으키는 것이 무엇인지는 각기 다르다. 심리학자들도 행복을 측정할 때 보통 '주관적 행복도'를 본다. 즉 내가 좋다고 해서 남이 좋아한다는 보장이 없고, 남이 좋다고 해서 나한테도 무조건 좋을 수는 없다. 그래서 나는 내 수업을 듣는 학생들에게 가슴이 터질 듯한 감동과 기쁨을 주는 것에 대한 에세이를 써오라는 과제를 내주곤 한다. 한 학생의 글을 인용해 본다.

"사진은 내 마음을 몹시 설레게 한다. 사진은 순간을 영원히 담아내는 아주 신비한 활동이다. 카메라 렌즈를 통해 본 세상은 더 선명하고 아름답다. 줌 렌즈로 더 가까이 다가갈 때 특히 그렇다. 그럴 때면 가슴이 뛰는 걸 참을 수 없을 때가 많다. 호흡을 고르며 살며시 셔터를 누를 때의 희열도 말로 표현하기 어렵다. 사진을 찍을 때마다 느끼는데, 내가 찍는 사진에는 나름대로 독특한 이야기가 담겨 있다. 셔터를 누를 때 신성한 느낌이 들기도 한다. 꽃잎 위에 맺힌 청명한 이슬 한 방울에서부터 거대한 도시의 스카이라인까지, 내 카메라에 들어오는 모든 장면은 아름다운 예술 작품이 된다."

미국을 비롯해 수많은 나라를 여행한 한 학생의 에세이도 자신의 열망을 발견한 순간을 잘 그려내고 있다.

"여행은 내 존재를 확인시켜 준다. 새로운 문화를 경험하고, 전혀 다른 환경에 있는 나를 발견하는 건 정말 놀라운 일이다. 여행은 내게 겸손을 가르쳐준다. 내가 얼마나 작은 존재인지 깨닫게 해준다. 그러나 동시에 내가 얼마나 중요한 존재인지도 일깨워준다. 새로운 장소에 발을 내디딜 때마다 나는 살아 있음을 느낀다. 온몸에 경련이 일어나듯 내 마음에도 경련이 일어나는 것 같다. 나는 두 팔을 하늘로 높이 들며 기쁨을 표현하기도 한다. 내가 느끼는 것을 달리 표현할 수 없을 땐 그 방법이 제일 좋다. 사람이 없으면 소리도 지른다. 여행 중 만나는 새로운 사람들의 환대는 내가 얼마나 사랑받는 존재인지를 깨닫게 한다. 여행할 때, 나는 가장 정직한 내가 된다. 가면을 쓸 필요 없이 가장 나다울 수 있다. 그 자유가 너무 좋다."

남들이 기쁘고 만족스럽다고 하는 일이 나에게는 그렇지 않다면 활동마다 에세이를 써보자. 기쁨을 주는 활동도 탐색을 통해 발견해야 한다. 쉼이란 이렇듯 '아무것도 하지 않는 것'이 아니라, '나를 재발견하고 열정을 조정하는 적극적인 과정'이라고 할 수 있다.

지금 당신이 정말로 원하는 것을 추구하고 있는가? 사회 혹은 다른 사람의 기대가 강요한 욕망에 사로잡혀 있지는 않은가? 진정으로 하고 싶은 일은 무엇인가? 당장 떠오르지 않는다면, 지금까지 가장 하고 싶었던 일이 있는지 생각해 보라. 당신을 미친 듯이 가슴 뛰게 했던 일 말이다.

두려울 만큼 큰 꿈을 꿀 것

얄팍한 관심, 얄팍한 경이감은 삶의 두께를 얄팍하게 할 뿐이다.

나는 《나니아 연대기》로 유명한 소설가 C. S. 루이스C. S. Lewis의 글을 현대 사회의 기준으로 수정해 들여다보곤 한다. 기독교인이었던 그는 말했다. "주님이 보시기에 우리의 욕망은 지나치게 강한 것 같지 않다. 오히려 너무 약한 듯하다. 우리는 술과 성과 야망 따위로 어설프게 만족하려 하는 반쪽짜리 존재들이다. 무한한 기쁨이 주어졌지만, 우리는 그것을 상상하지 못하고, 바닷가에서의 휴가가 어떤 것인지 짐작조차 못한 채 빈민가에서 진흙 파이를 만들겠다고 고집하는 무지한 아이와 같다. 우리는 너무 쉽게 만족해 버리는 존재다."[5]

나는 이 문구를 이렇게 수정했다. "우리의 열망은 너무나도 약하다. 무한한 기쁨이 우리 앞에 펼쳐져 있어도, 우리는 소셜 미디어 같은 사소한 것들에 빠져 시간을 낭비하며 미온적으로 살아간다. 오래 운전해 도착한 아름다운 휴양지에서 아이들이 산과 바다에는 무관심하고 집에서 하던 모바일 게

임에만 집중하는 것과 같다. 우리는 너무 쉽게 만족해 버리는 존재가 아닌가?" 하이테크 시대를 살아가느라 가치 있는 것들을 놓치고 있는 우리의 모습을 선명하게 보여준다.

우리는 새의 깃털처럼 가벼운 욕망을 안고 살아간다. 소셜 미디어에서 행해지는 끝없는 스크롤링, 소비주의의 매혹적인 유혹, 손가락만 움직이면 얻을 수 있는 즉각적인 쾌락이 시선과 마음을 사로잡는다. 인스턴트 식품으로 끼니를 때우듯 가벼운 욕망을 쉽게 충족시키며 하루하루를 보내고 있다.

하지만 우리에게도 큰 야망이 있었다. 어린 시절 "너는 커서 뭐가 될래?"라는 질문에 대통령, 축구 선수, 세계에서 가장 높은 산을 오르는 산악인, 가난한 이들을 돕는 자선 사업가가 되겠다고 당당히 말하곤 했다. 비행기 조종사가 되어 전 세계를 누비겠다는 꿈도 있었다. 하지만 지금 우리의 야망은 손바닥 안, 스마트폰 화면 속 작은 픽셀에 갇혀버렸다. 이제는 끝없이 스크롤링만 하며 정보를 놓칠까 두려워한다. 얕은 즐거움으로 모든 순간을 채우려는 욕구 때문에 더 깊고 의미 있는 기쁨을 포기해 버린 것이다.

그렇다면 해결책은 무엇일까? 루이스가 말하는 무한한 기쁨, 바닷가에서의 휴가를 어떻게 받아들일 수 있을까?

비영리단체 '약속의 연필Pencils of Promise'을 설립하여 전 세계 교육 취약 지역에 600여 개의 학교를 세운 애덤 브라운Adam Braun은 말한다. "당신이 꾸는 꿈이 당신을 두렵게 하지 않으면 그 꿈은 당신에게 너무 작다"라고 말이다.[6]

브라운처럼 온 마음을 다하는 존재로서 삶을 추구해야 한다. 대단한 사람이 되라는 게 아니다. 얕고 넓은 것이 아니라 깊고 좁은 것, 유한한 것이 아니라 무한한 것을 추구해야 한다는 것이다. 삶이라는 배를 항구에 묶어두지 말자. 배를 묶은 밧줄을 풀어내고 항해를 시작하자. 무의미에서 해방되어 더 나은 내일의 삶으로 향하는 것이다.

편안한 일상에서 벗어나자. 안전지대를 박차고 나가 새로운 경험을 추구해 보자. 의미 있는 순간을 찾아 부둥켜안아야 한다. 좀 더 모험적으로 말이다.

이와 같은 건강한 욕망, 깊은 열망, 큰 야망은 만연한 스트레스와 탈진으로부터 우리를 구해준다. 탈진은 만족이 없기 때문에 생기는 것이다. 진실로 만족하는 것에는 탈진이 찾아오지 않는다. 집중하여 열심히, 최선을 다해 살아가는 삶이야말로 만족스러운 삶이라는 것을 기억하자.

6장.

당신은 언제부터 웃음을 잃었는가

기쁨의 쉼

─────── 기쁨이란 사회 전반에 깔린 우울함과 스트레스에 대한 강력한 저항으로 볼 수 있다. 진정한 기쁨은 스마트폰이 제공하는 '싸구려 기쁨'과 다르다. 무미건조한 삶에 활기를 불어넣고, 죽어가는 시간에 대항한다.

기쁨은 혁신이다. 쉼을 가져오고 우리를 회복시킨다. 기쁨과 함께일 때 쉼은 더 훌륭해진다. 기쁨과 쉼은 서로 뗄 수 없는 관계이며 둘 다 우리 삶의 필수적인 부분이다. 그리고 이것이 삶의 질을 결정하기도 한다.

기쁨에는 죽은 시간을 살려내는 힘이 있다. 시간을 생동감 있게 만들어 삶에 활력을 불어넣는다. 에너지와 창의성을 불러오고, 다른 사람과의 사회적 연결을 강화시킨다. 즉 기쁨이 넘칠 때 우리는 '살아 있는 기분'을 느낀다. 아주 잠깐의 기쁨이라도 한 시간 이상 쉰 듯 상쾌하게 만드는 힘이 있다.

하지만 우리는 기쁨을 느끼면서도 그 감정에 대해 깊게 생각해 본 적이 없다. 대개는 기쁨이 오면 오나 보다, 지나가면 지나가나 보다 하고 만다. 기쁨을 진지하게 생각해 보지 않았으니 삶에 어떤 영향을 미치는지도 관심을 두지 않았다. 자연스레 '기쁨을 누리고 싶다'는 생각도 들지 않았다.

기쁨을 자세히 들여다보지 않으면 누릴 수 없다. 무엇이 기쁨인가? 기뻐해야 할 마땅한 이유가 세상에 존재하는가? 어떻게 기쁨을 누리는가? 이 질문들을 깊이 생각해 본다면, 기쁨의 진정한 의미와 혜택을 이해하고 더욱 풍성한 삶을 살아갈 수 있을 것이다.

우리는 기쁨과 함께 태어났다

기쁨은 목적지가 아니라 돌아가야 할 원래의 자리다.

기쁨은 생명이 존재하는 이유 그 자체다. 우리가 태어나며 기쁨도 함께 태어났다. 즉 우리 존재는 기쁨을 느끼도록 설계되었다. 아이는 태어나 자라며 조금씩 엄마라는 존재를 인식한다. 엄마와 눈이 마주치면 방긋 웃고 두 팔과 다리를 흔들며 기뻐한다. 본능적으로 기뻐하고 깔깔거리고 세상을 호기심 어린 눈으로 바라본다. 기쁨을 누리는 법을 누구 하나 가르쳐주지 않는데도 말이다.

기쁨은 인간의 본래 상태, 즉 인간의 기본값이다. 우리에게 반드시 내재되도록 설계된 것이다. 뇌는 긍정적인 경험에 대한 보상으로 화학물질을 분비하며, 이는 우리가 즐거움을 추구하도록 동기를 부여한다.

기쁨은 인간에게는 '최선의 상태'다. 인생의 여정이 복잡하고 도전적일지라도 각자의 내면에는 기쁨의 씨앗이 깊이 뿌리 박혀 있다. 이 씨앗은 자연스러운 웃음, 순수한 즐거움 그리고 감사의 감정으로 자라난다.

우리는 기쁨을 언제든 되찾을 수 있다. 이 감정을 다시 삶의 기본값으로 설정할 때 세상은 더 밝고 긍정적인 곳으로 변한다. 작은 것에 감사함을 느끼고 다른 이들과 깊이 연결되고 어려움 속에서도 희망의 빛을 발견할 수 있다. 기쁨으로 돌아가려는 노력은 우리를 더 행복한 삶, 더 충만한 삶으로 이끌어줄 것이다. 기쁨을 잃어버렸다는 생각이 드는가? 내면 깊은 곳을 들여다보라. 그곳에 항상 있음을 알게 된다. 즉 기쁨은 달성해야 할 것이 아니라 돌아가야 할 상태다.

기쁨은 단순한 생물학적 반응이 아니다. 주변 세계와 접촉하고, 가치와 열정을 표현하고, 관계를 형성하는 방식이다. 삶에서 무엇을 추구할지, 어떤 경험을 가치 있게 여길지 결정하는 도구다. 고난을 극복하고 시련에 맞서며 어려움을 이겨내는 데 필수적인 요소다. 슬픔과 절망의 순간에도 기쁨은 희망의 끈을 놓지 않고 내면의 강인함을 상기시킨다. 정신적 탄력성의 원천이기도 하다.

또한 기쁨은 다른 이와 공감하고 경험을 공유하며 깊이 연결되는 것에도 영향을 미친다. 함께 웃고, 서로의 성공을 기뻐하고, 공통의 행복을 추구함으로써 우리는 사회적 유대를 강화하고 공동체 의식을 갖게 된다.

기쁨의 순간, 몸에서 일어나는 일

기쁨은 단순한 감정이 아니다. 그것은 생명의 호르몬이 몸 전체를 가로지르는 향연이다. _릭 핸슨

기쁨이라는 감정을 느낄 때, 우리 몸은 어떻게 반응할까? 먼저 긴장이 풀리고 마음이 편안해진다. 미소가 지어지기도 한다. 뇌도 활성화된다. 우리 몸의 내분비기관이 바빠지며 다양한 호르몬과 신경전달물질이 활성화되기 시작한다.[1]

먼저 기쁨은 코르티솔 수치를 안정적으로 낮추는 데 기여한다. 코르티솔은 부신에서 스트레스에 반응하여 생성하는 필수적인 스테로이드 호르몬이다. '스트레스 호르몬'으로도 알려져 있는데, 우리 몸이 위험하거나 도전적인 상황에 대응하도록 해준다. 하지만 코르티솔 수치가 너무 오랫동안 높게 유지되면 건강에 해로울 수 있어 낮추어야만 한다. 기쁨은 코르티솔 수치를 감소시켜 스트레스를 줄이고 평온함과 안정감을 느끼도록 해준다.

또한 기쁨은 엔도르핀을 더 많이 방출하게 한다. 엔도르핀은 중추신경계와 뇌하수체에서 생성되며, 몸의 통증을 완화

하고 기분을 좋게 하는 역할을 한다. 행복감을 느끼게 하기에 '행복 호르몬'으로 불리기도 한다. 운동, 웃음, 성적 활동 등을 할 때 분비된다.

또한 기쁨은 세로토닌 수치를 높인다. 세로토닌은 주로 뇌에서 생성되는 신경전달물질로서 기분과 감정 상태를 조절하는 데 중요한 역할을 하며, 행복감과 안정감을 주는 것으로 알려져 있다. 기쁨과 같은 긍정적인 감정은 세로토닌 분비를 증가시켜 기분, 식욕, 수면을 적절하게 관리하는 데 도움을 준다.

기쁨은 도파민을 방출시키기도 한다. '보상 호르몬' 또는 '기쁨 호르몬'이라고도 불리는 도파민은 즐거움을 느낄 때 분비되는 주요 신경전달물질 중 하나이다. 어떤 활동이나 경험이 즐거울 때 뇌는 도파민을 분비하는데, 이 때문에 기분이 좋아지게 되므로 그 활동을 반복하고 싶어진다. 이는 동기부여와 보상 시스템의 핵심 부분으로 성취, 사랑, 성공, 다른 사람과의 긍정적인 상호작용으로 기쁨을 느낄 때 도파민 수치가 상승한다.

기쁨은 옥시토신도 증가시킨다. 옥시토신은 '사랑의 호르몬' 또는 '결속 호르몬'이라고 불리기도 한다. 뇌하수체에서 생성되는 이 호르몬은 사회적 결속, 신뢰 형성, 성적 결합 및 모성 행동과 같은 다양한 관계에서 중요한 역할을 한다. 타인과 친밀한 관계를 맺을 때 옥시토신이 분비되며, 이는 두 사람 사이의 유대를 강화하고 긍정적인 감정을 증진하는 역할을 하기도 한다. 예를 들어 포옹, 입맞춤, 친밀한 대화와 같은 애정 표현은 옥시토신의 분비를 촉진해 기분을 좋게 만든다.

우리가 기뻐할 때 몸의 염증 반응이 감소하기도 한다. 만성 스트레스는 염증성 사이토카인(혈액 속 면역 단백질)을 증가시키는데, 이는 다양한 건강 문제로 이어진다. 기쁨과 즐거움은 스트레스를 줄이고 이완을 촉진함으로써 이러한 염증 반응을 낮춰준다. 이뿐만 아니라 기쁨은 일반적으로 면역 기능을 강화시킨다. 긍정적인 감정은 항체를 늘리고 특정 면역 세포를 활성화해 감염과 싸울 수 있는 몸의 능력을 향상시켜 준다.

'기쁨의 뇌과학'을 연구한 리더십 전문가 마커스 워너Marcus Warner와 크리스 코시Chris Coursey에 따르면 기쁨에 대한 반응은 뇌의 관계적 경험과 신경 화학 반응의 복잡한 상호작용이라고 한다.[2] 기쁨은 순간적 감정이 아니라 깊이 있는 관계적 감정이기도 하다. 사랑하는 이를 멀리서 보거나 사진으로 보면서 기뻐할 수 있는 것도 이와 같은 이유다. 친밀한 사람이 나를 보고 기뻐한다는 사실을 알 때 기쁨의 반응이 강력해지는 것도 같은 맥락이다.

이 관계적 측면의 기쁨은 좀 유별난 구석이 있다. 신경과학적으로 기쁨은 뇌의 오른쪽 반구 사이의 연결을 통해 생성되는데, 종종 타인과의 눈 맞춤으로 촉진된다고 한다. 생각해보면 나도 내 손주들과 눈을 맞출 때 강렬한 기쁨을 경험하곤 한다. 워너와 코시는 이런 기쁨은 약물이나 다른 물질로는 흉내 낼 수 없는 경험이라고 말한다.[3]

기쁨에 관여하는 화학물질들은 일반적으로 작용 방식과 분비 시점, 지속 시간이 조금씩 다르다. 도파민과 엔도르핀은 즉각적인 쾌감과 보상 반응을 유도하며 주로 일시적인 반응을 보이지만, 반복적 경험을 통해 학습과 연결을 강화하기도 한다. 반면 세로토닌과 옥시토신은 정서적 안정과 관계 형성을 돕고 더 오래 지속되는 감정적 토대를 제공한다. 이들은 각각 고유한 방식으로 작용하지만, 함께 조화를 이루며 기쁨의 강도와 지속성 그리고 사회적 맥락 속 감정 반응에 영향을 준다.

100명의 사람, 100가지의 기쁨

행복은 일률적인 공장 제품이 아니다. 수공예처럼 다 다르게 빚어진다. _알랭 드 보통

가끔은 이런 질문이 떠오른다. 나는 무엇에서 기쁨을 느끼는가? 어떤 일이 나를 기쁘게 만들며, 나는 그 경험을 어떻게 받아들이는가? 외부의 자극과 내면의 해석이 함께 작용하지 않으면, 뇌는 기쁨이라는 감정으로 반응하지 않는다.

질문에 대한 답을 찾기 위해서 먼저 이해해야 할 것은 기쁨이 지극히 주관적이라는 사실이다. 각자 느끼는 기쁨이 다르다. 다른 사람의 기쁨이 내 기쁨일 수 없고, 내 기쁨이 다른 사람의 기쁨일 수 없다. 커피를 좋아하는 사람은 그라인더의 소리에 미소를 짓지만, 그렇지 않은 사람은 이를 소음으로 인식한다.

각자에게 맞는 기쁨이 따로 있기에 지양해야 할 것이 바로 흉내 내기다. 기쁨은 스스로 칭출해야 한다. 따라서 개개인이 생각과 마음을 돌아보며 나에게 충족감과 향상심을 가져다주는 것이 무엇인지 식별해 내야 한다. 당신만의 조건은

무엇인가? 당신의 가장 깊은 욕망과 가치에 부합하는 것은 무엇이고, 당신을 남이 아닌 당신 자신의 삶을 살아가도록 해주는 것은 무엇인가?

이때 주의해야 할 점이 기쁨의 상업화 현상에 속지 않는 것이다. 최근 상품화된 휴식이 많이 보인다. '최고의 휴가 패키지' '명절에 필수적인 아이템' '완벽한 여행 가이드' 같은 표현들이 넘쳐난다. 어떻게 해야 기쁜지 시장이 그 기준을 제시하기 시작한 것이다.

진정한 기쁨은 전문가가 만든 패키지 상품이 아니다. 자기가 스스로 발견하고 정의해야 한다. 타인이나 미디어가 강요하는 이야기에 휘둘리는 대신 각자의 독특한 목적과 깊이 연결되어 보자. 인생의 의미를 부여하는 사명을 찾는 것이다.

일상을 빛내는 '소소한 기쁨'에 대하여

많은 이가 큰 행복을 기대하며 소소한 기쁨을 잃어버린다.
_펄 벅

세상에는 다채로운 기쁨이 있지만 크게 세 종류로 나누어 볼 수 있다. 나는 이를 소소한 기쁨, 특별한 기쁨, 깊은 기쁨이라고 부른다. 이 기쁨들은 무엇이 더 중요하고 덜 중요한 것 없이 모두 중요하다. 이 세 가지 기쁨이 삶을 바로 세우고 어려움을 이겨내게 하며 일상을 윤택하게 만들어준다.

먼저 '소소한 기쁨'부터 이야기해 보자. 소소한 기쁨은 일상에서 흔히 찾을 수 있다. 잠깐 생겼다가 금세 사라지는 특성이 있으며, 외부의 자극으로 일어나는 경우가 꽤 많다. 예를 들어 맛있는 음식을 먹거나 칭찬을 받거나 맑은 날씨에 밖에 나갔거나 하는 일이 소소한 기쁨을 만들어낸다.

소소한 기쁨의 중요한 특징 중 하나는 과거도 미래도 아닌 현재의 경험이라는 것이다. 지금 이 순간 자신이 서 있는 그곳에서 찾아내는 기쁨이다. 그래서 '알아차림'에 가깝다. 다가오기를 기다리거나 돌아보기보다는 일상에서 어렵지 않게 찾을 수 있음을 알아차리는 것이다. 즉 현재의 상황에서 만족을 찾는 것이다.

소소한 기쁨은 현재와의 적극적인 만남이다. 아무리 평범해 보이는 순간이라도 기쁨의 잠재력을 지니고 있음을 인정하고 받아들일 때 소소한 기쁨을 느낄 수 있다. 그래서 내가 있는 곳 주변을 관찰하는 것이 중요하다. 바쁘고 복잡한 삶이 도처에 널린 기쁨을 눈치채지 못하게 만든다면, 삶의 템포를 조금 늦추고 주변 환경을 돌아봐야 한다.

비가 온 후 빌딩 뒤 혹은 산 위에 걸린 무지개는 어떤가? 더운 날 피부를 스치는 산들바람은? 눈 내린 길을 걸을 때 발걸음마다 뒤따르는 뽀드득 소리, 일하다 잠시 고개를 돌리면 볼 수 있는 창문 밖 파란 하늘은 어떤가? 무더운 여름, 굵은 빗줄기가 우산을 때리는 소리나 예상치 못한 곳에서 흘러나오는 좋아하는 노래의 멜로디는? 이 모든 것이 관찰을 통해 마주할 수 있는 소소한 기쁨이다.

이런 기쁨을 누리려면 기쁨에 대한 통상적인 생각을 버려야 한다. 기쁨은 어떤 모습이어야 하고, 어떻게 다가와야 한다는 고정관념을 버리고 예상치 못한 상황에 대한 가능성을 열어놓아야 하는 것이다.

소소한 기쁨은 평범한 것 속에서 비범한 것을 찾아내고 소중히 여기도록 해준다. 수동적이지 않은 삶, 가능성을 적극적으로 탐구하고 신비를 포용하는 삶, 다양성을 누리는 삶을 만든다. 소소한 기쁨에 주의를 기울임으로써 우리는 아름다움, 복잡성 그리고 깊이 있는 경험의 순간들로 삶을 채워나갈 수 있게 된다.

우리는 일상의 사이사이를 기쁨으로 채울 수 있다. 아무런 기대 없이, 준비 없이 말이다. 이 '문득' 찾아오는 기쁨은 우리를 지탱하며 일상의 리듬을 경쾌하게 만들어준다.

오래도록 남는 '특별한 기쁨'에 대하여

삶을 이끌고 가는 것은 큰 기쁨이 아니라, 깊이 새겨진 기억의 순간들이다. _조지 엘리엇

소소한 기쁨과 달리 '특별한 기쁨'은 오래 지속되며, 강렬한 기억으로 남는 사건·상황 지향적인 기쁨이다. 첫 월급을 받을 때, 결혼을 할 때, 첫 아이를 안았을 때, 첫 손주를 보았을 때 찾아오는 기쁨이 바로 특별한 기쁨이다. 바다낚시를 가서 대어를 낚았을 때도 마찬가지다. 즉 일상에서 늘 접하는 상황이 아닌 특별한 상황에서 오는 기쁨으로, 소소한 기쁨보다는 강도가 세다.

특별한 기쁨의 예를 몇 가지 더 들어보자. 오케스트라 공

연을 보러 갔을 때는 어떨까? 평소에는 듣기 힘든 사운드가 독특한 기쁨을 준다. 여행을 가서 눈부시게 펼쳐진 바다를 보았을 때는 또 어떤가? 탁 트인 시야, 바다의 냄새, 갈매기의 공중비행은 모두 기쁨이 된다.

오랜 친구들과의 재회도 특별한 기쁨일 것이다. 여러 해 동안 보지 못한 친구들과 만나면 그리움과 새로움이 혼합된 아주 강렬한 감각이 피어난다. 과거의 에피소드를 나누며 삶을 공유하고, 인생에 새로 생긴 변화를 듣고 이야기를 나누면 강한 연대감과 함께 특별한 기쁨이 찾아온다.

생일이나 크리스마스 등에 선물을 주고받는 행위 또한 마찬가지다. 받는 이도, 주는 이도 기쁜 이벤트다. 단순히 물질적인 것을 떠나 사랑을 주고받는다는 정서가 마음을 감동시킨다. 이런 기쁨은 흔히 가족, 친구, 가까운 사람과의 관계에서 느낄 수 있으며 공동체적이라는 성격을 가지고 있다.

이 외에도 우리는 여러 방법으로 특별한 기쁨을 느낀다. 그리고 이 기쁨은 대체로 기억에 저장된다. 아픔처럼 말이다. 기억의 은행에 아픔이 많은 사람은 시시때때로 그것을 꺼내보며 괴로워한다. 반대로 기쁨을 많이 저장한 사람은 힘든 일이 생기면 그 기쁨을 꺼내 위안을 삼을 수 있다.

따라서 특별한 기쁨은 마음을 풍요롭게 해주고, 회복력과 심리적 웰빙에 도움을 준다. 어떻게 보면 이마저도 결국 지나가는 기쁨이지만, 기억으로 남는다는 점에서 인생의 귀한 자산이다.

특별한 기쁨을 느끼는 동안 우리는 자아와 주변 세계 사이의 경계를 허물고, 삶의 본질과 깊은 연결을 경험한다. 이는 우리가 더 큰 것의 일부임을 깨닫게 하고, 존재의 본성, 시간 그리고 모든 것의 상호 연결성에 대한 존재론적 통찰을 이끌어낸다. 결국 자주 발생하지 않기 때문에 특별한 것이 아니라, 우리에게 감동을 주어 마음에 인상을 남기기 때문에 특별한 것이다.

내 삶을 긍정하는 '깊은 기쁨'에 대하여

더 이상 멈추어 경이로움에 빠져들고, 경외심에 사로잡히지 못하는 사람은 죽은 것과 다름없다. 그의 눈은 감겨 있다.

_알베르트 아인슈타인

마지막으로 소개할 기쁨은 '깊은 기쁨'이다. 힘든 과정을 거치고 많은 대가를 치른 뒤 얻어낸 기쁨이다. 특정한 목표를 정하고 그것을 성취했을 때 느끼는 기쁨으로, 개인적으로 의미 있고 중요한 경험을 하거나 업적을 이루었을 때 온다.

깊은 기쁨은 내면 깊은 곳에서 우러나온다. 어려운 과정을 거쳐 얻은 결과이기에 '기쁨'보다는 '감동'이라고 표현하는 것이 더 적절할지도 모르겠다. 이런 기쁨을 마주할 때 우리가 보이는 신체적 반응이 있다. 바로 눈물이다. 깊은 기쁨이 꼭 눈물을 동반하는 건 아니지만, 크게 감격할 일이 있을 때 많은 사람이 눈물을 터뜨리곤 하는 걸 흔히 볼 수 있다.

올림픽에서 메달을 땄을 때, 오래 준비한 시험에 합격했을 때, 마침내 취업했을 때 느끼는 기쁨은 너무나 깊다. 세월이 흘러도 퇴색되지 않는 감동, 이것이 깊은 기쁨의 본질이다.

직장 동료들과 함께 밤을 새우며 고군분투했던 프로젝트가 성공하면 어떨 것 같은가? 오랜 연습 끝에 도전한 마라톤 풀 코스를 완주한다면? 몇 년에 걸쳐 쓴 글이 책으로 출간된다면 어떨까? 그간의 어려움과 고생은 전부 잊힐 것이다. 개인이나 공동체는 중요한 목표를 세우고 노력해 도달한 지점에서 깊은 기쁨을 맛본다. 성장과 도전의 과제를 극복한 곳에는 반드시 깊은 기쁨이 존재한다.

깊은 기쁨은 삶의 불확실성에 적극적으로 맞설 때 생긴다. 모험의 산물인 것이다. 나의 한계를 시험하고 새로운 지평을 넓히는 경험, 성장과 자기 발견을 추구하는 과정, 위험을 감수하고 미지의 것을 받아들이는 용기, 새로운 가능성에 대한 탐색이 깊은 기쁨으로 이어진다.

이처럼 깊은 기쁨이 용기에서 비롯된다는 사실은 놀랍지 않다. 애초에 용기는 편안한 안식처를 벗어나 실패나 거절의 위험을 감수하면서도 '나를 기쁘게 만드는 것'을 추구하는 능력이기 때문이다. 결과가 어떻게 되든 기쁨을 추구하는 행위에서도 기쁨을 느낄 수 있다.

깊은 기쁨을 추구하는 과정에서 우리는 무언가를 잃기도 한다. 하지만 이런 상황에서도 자신의 생각과 믿음을 굽히지 않고 끝까지 밀고 나아갈 때 기쁨이 더욱 깊어진다. 잃는 것 또한 기쁨의 여정 중 하나이기 때문이다. 잃음으로써 삶의 중요한 부분을 정확히 이해할 수 있다.

정리하자면 깊은 기쁨은 용기와 취약성에 대한 이해를 요구한다. 불확실성, 모험, 손실 등을 극복하며 얻은 기쁨은 관점과 태도, 자신과 세계에 대한 이해를 변화시킨다. 감사, 충족감, 자기 인식, 경외감, 연결되었다는 감각 등 다양한 가치를 경험할 수도 있다. 결국 이런 것들이 삶을 더욱 윤택하게 만든다.

어깨에 진 인생의 무게 때문에 우리는 가급적 모험을 피하려 한다. 다른 사람의 모험을 보며 대리 만족을 하기도 한다. 스마트폰이 보여주는 타인의 모험에 만족하지 말자. 안전지대를 박차고 일어나서 미지의 세계로 뛰어들수록 기쁨과 가까워진다. 물론 위험한 길일 것이다. 가는 길에 장애물과 예상치 못한 전환점이 있을 수도 있다. 하지만 그럼에도 불구하고 앞으로 나아가 보자. 회복력을 길러 다시 도전해 보자. 그 끝에 깊은 기쁨이 기다리고 있을 것이다. 결론적으로 깊은 기쁨은 성장 지향적이며, 인간 승리의 훈장이다.

기쁨은 어려움과 고난 가운데에서도 피어난다

고통의 순간에도 삶은 여전히 의미 있다. 그리고 그 의미를 찾는 자에게 기쁨은 따라온다. _빅터 프랭클 우리는 흔히 기쁨이 슬픔 혹은 고난의 반대말이라고 생각한다. 하지만 기쁨은 이런 감정들과 '함께' 존재한다. 슬픔과 고난 가운데에서도 기쁨은 생겨난다.

살아가면서 슬픔과 고난을 겪지 않는 사람은 없다. 실직, 갑작스러운 병, 가족이나 친구와의 이별 등은 우리 모두의 이야기다. 어떤 사람은 그 아픔에 무릎을 꿇는다. 하지만 어떤 사람은 기어코 이겨낸다. 슬픔과 고난이 삶을 휘두르게 둘지, 삶을 재건해 나갈지 선택해야 한다. 그리고 이 선택의 차이를 만드는 것이 바로 기쁨이다.

기쁨을 잘 가꾸어진 정원에서 피어나는 화사한 꽃으로 생각하기 쉽지만, 실제로는 갈라진 바위 같은 삶의 틈새에 피어나는 생명력 넘치는 야생화와 같다. 기쁨에는 완벽한 조건이 필요하지 않다. 이상적이지 않은 상황에서도 기쁨은 피어난다. 오히려 달빛이 어둠 속에서 가장 아름답듯 기쁨도 슬픔과 고난 가운데에서 더욱 빛을 낸다. 그것이 기쁨이 주는 회복력이다.

무언가를 상실한 마음을 안고 걷다가 만난 낯선 이와의 짧고 소박한 대화, 걱정거리를 잔뜩 짊어지고 있다가 발견한 길가에 핀 꽃 한 송이, 회사에서 지친 몸을 이끌고 집으로 돌아와 마시는 시원한 물 한 잔, 슬픔에 잠겨 있을 때 귀에 꽂은 이어폰에서 들려오는 익숙한 노래 한 소절, 눈물 사이로 비치는 햇살이 만들어내는 작은 무지개는 슬픔 속에서도 희망의 빛을 발한다.

베스트셀러 작가 메리 백스트롬Mary Backstrom은 이렇게 말하기도 했다. "행복은 변화하는 상황에 따라 왔다가 사라질 수 있지만, 기쁨은 더욱 굳건하다."[4] 기쁨은 삶의 좋은 시기와 나쁜 시기를 견뎌내는 능력이 있으며, 외부 상황에 의존하지 않는다. 백스트롬은 기쁨을 우리 존재에 깊이 박힌 것으로, 시련과 고난을 통해 더욱 고귀해지는 것으로 표현한다. 튤립의 구근은 따뜻하고 온화한 곳에 심으면 봄에 꽃을 피우지 못한다. 차고 단단한 토양에 심어 추위를 견뎌야 꽃을 피울 수 있다. 이처럼 고난은 기쁨을 더 가치 있게 만든다. 고난 가운데에서도 기쁨의 꽃을 피울 수 있어야 인간이다.

다음의 두 이야기는 고난을 기쁨으로 저항하는 모습을 보여주는 좋은 예다.

홀로코스트 생존자인 베스트셀러 작가 엘리 위젤Elie Wiesel은 한 유대인 수용자의 이야기를 세상에 소개했다.[5] 그 수용자는 유대교 축제인 하누카 기간 동안 임시 메노라(제식에 쓰이는 촛대)를 만들고자 했는데, 그러기 위해서는 재료를 구해야 했다. 살점이 떨어져 나갈 것처럼 추운 겨울이었다. 하지만 그는 옷과 빵을 메노라를 만들 재료와 맞바꾸었다. 이 악명 높은 아우슈비츠에서 생명에 필요한 물품을 메노라와 맞바꾸는 행위를 보며 위젤은 경이로움을 느꼈다. 그리고 마침내 하누카의 날, 메노라에는 일곱 개의 불꽃이 타올랐다. 수용소에서 죽음을 기다리던 유대인들의 눈가에는 기쁨의 눈물이 맺혔다. 위젤 또한 예상치 못한 기쁨의 눈물을 흘렸다고 고백했다. 그 수감자는 자신뿐만 아니라 유대인 죄수들의 기쁨을 위해 자신의 생명을 건 것이었다.

이야기 하나를 더 들어보자. 이 이야기는 고난의 시기에 기쁨이 얼마나 절실하게 필요한지 보여주는 좋은 예다.

1915년 제1차 세계대전 당시 독일의 사병이었던 고트홀트 폰 로덴Gotthold von Rohden은 총알 케이스를 화분으로 삼아 매화를 심었다. 이를 본 다른 병사들이 가족에게 꽃씨를 보내달라고 편지를 쓰기 시작했고, 이 꽃씨들로 작은 정원을 가꾸었다고 한다. '전쟁터에서 피어난 정원'이라는 유명한 이야기다.[6] 그들은 왜 그런 노력을 했을까?

전쟁이라는 암울한 현실 속에서 병사들이 찾아낸 것은 바로 작은 기쁨이었다. 씨앗을 뿌리고, 싹이 트는 것을 보고, 마침내 꽃이 피는 것을 보자 기쁨의 탄성이 터졌다. 그 기쁨은 희망으로 이어졌다.

고난 상황에서 기쁨은 스스로를 돌보는 매우 중요한 수단이다. 기쁨은 이 불완전한 세상, 예측 불가능한 파도가 몰아치는 바다 한가운데에서도 우리를 감싸안고, "넌 아직 괜찮다"라고 속삭인다. 이것이 기쁨의 실체다. 삶이 이토록 허술하고 부족함에도, 그 속에서 건강하고 활력 넘치는 한 조각의 희망을 발견하게 하는 놀라운 힘이다.

일본의 대표적인 지식인 요시노 겐자부로는 그의 책 《그대들, 어떻게 살 것인가》에서 "고통이 클수록 고통을 넘어서는 기쁨도 그만큼 크다"라고 이야기한다.[7] 그는 고통을 단순히 부정적인 것으로 보지 않는다. 오히려 자신을 성장시키고 잠재력을 발휘하는 기회로 본다. 이 과정에서 느끼는 기쁨은 자신의 한계를 넘어서 얻는 깊고 의미 있는 만족감을 말하는 것이다. 그렇기 때문에 힘든 시기에 우리를 지탱해 주는 든든한 힘이자 능력이 된다. 나는 고난에 대항하는 방법 중에서 기쁨보다 더 강렬한 것을 상상하기 어렵다.

소소한 기쁨이든, 특별한 기쁨이든, 깊은 기쁨이든, 기쁨은 치유의 능력을 가지고 있다. 잠들었던 기쁨을 흔들어 깨워서 맞이하는 쉼은 육체를 넘어 정신과 영혼까지 회복시킨다. 기쁨은 스트레스를 잊고 온전히 그 순간에 집중하게 해준다. 이 집중은 마음을 달래고 감정을 회복시킨다. 그러니 우리 삶에는 크든 작든 기쁨이 매일 조금씩 쌓여야 한다.

더 자주 기뻐하는 연습

우리가 통제할 수 있는 것은 우리의 반응이다. 기쁨은 선택이다. _에픽테토스

기쁨과 기쁨 사이 간격을 좁혀야 한다. 쉽게 말해 기쁨의 빈도를 늘려야 한다. 앞서 소개한 워너와 코시는 이것을 '기쁨의 간격'이라고 불렀다.[8] 사람마다 이 간격은 짧을 수도, 길 수도 있다. 한 시간에 한 번 정도 기쁨을 느끼는 사람이 있고, 1년에 한두 번만 기쁨을 느끼는 사람도 있다. 워너와 코시는 이 간격을 줄이는 게 정신 건강에 도움이 된다고 주장한다.

하루에도 몇 번씩, 1분이든 5분이든 잠깐이라도 기쁨을

느낀다면 이 순간들은 삶의 난관을 헤쳐나가는 데 큰 힘이 될 것이다. 이 순간들은 짧은 쉼과도 같아서 스트레스를 다루는 데 큰 도움을 준다. 워너와 코시는 하루 중 다양한 순간에 기쁨을 맞이할 준비만 되어 있다면 삶의 험로를 유연하게, 효과적으로 대처하며 나아갈 수 있다고 한다. 기쁨을 반복적으로 받아들인다면 감정적 회복력도 점차 강해질 것이다.

기쁨의 순간이 희미하게만 기억나는 사람, 다시 말해 과거에도 미래에도 기뻐할 일이 별로 없다고 느끼는 사람은 난관에 부딪히면 견뎌내기 쉽지 않다. 기쁨을 만날 기회가 자주 오지 않는다고 믿기에 상황이 나아지지 않으면 기분이 점점 더 가라앉고, 우울과 절망이 찾아올 수도 있다. 이러한 감정의 하강은 마음을 점점 어둡게 만든다.

기쁨의 간격이라는 개념은 일상에서 기쁨의 순간을 어떻게 인식해야 하는지 보여준다. 당신의 기쁨은 어떤 간격으로 찾아오는가? 세심하게 들여다본 적이 있는가? 간격이 너무 멀다면 좁히는 노력으로 감정의 회복력을 높여야 한다. 다양한 기쁨을 삶에 의도적으로 끌어들이는 것, 그것이 우리가 해야 할 일이다. 삶이라는 캔버스에 밝은 기쁨의 색을 계속해서 채워 넣어야 한다는 것이다.

인생의 도전과 어려움을 회피하고 기쁜 일만 찾으라는 것은 아니다. 어려움 속에서도 기쁨의 순간을 찾아 음미하는 법을 배우고 실천하라는 것이다.

내게 기쁨을 주는 것이 무엇인지 알아차리고, 작은 기쁨들을 하나씩 모아가고, 기쁨을 누리는 것을 방해하는 장벽들을 넘어서는 법을 배워야 한다. 이런 습관이 일상에 자리 잡는다면 삶에 기쁨이 없다고 말하는 사람들도 점차 일상을 기쁨으로 채워나갈 수 있을 것이다. 이는 없는 것을 새로 창조하는 것이 아니라 우리 안에 내재된 능력을 회복해 가는 여정이기도 하다.

기쁨의 순간들을 하나하나 모아 '기쁨의 백만장자'가 되어보자. 이것이 바로 참된 부유함이다. 돈이 많다고 해서 기쁨이 자동으로 따라오지는 않는다. 반대일 수 있다. 기쁨이 넘치는 삶, 그것이야말로 잘사는 삶이다. 기쁨을 찾아내는 당신이 잘살고 있는 것이다. 기쁨을 알고 누리는 삶, 그것이 바로 잘사는 인생이다.

☑ 기쁨 결핍 증후군 자가 진단 체크리스트

기쁨은 삶의 필수요소다. 자신에게 맞는 방식으로 기쁨을 더 자주 느낄 때 삶의 질이 상승한다. 다음 질문에 답하며 내 삶에 기쁨이 얼마나 머물러 있는지 점검해 보자. '예'라고 답한 항목이 몇 개인지 센 뒤 다음 장의 결과 해석에 대입하면 된다.

1. 나는 일상 속에서 자주 기쁨을 느낀다.
   예 _____   아니요 _____

2. 소소한 일에서도 기쁨을 찾는 편이다.
   예 _____   아니요 _____

3. 타인과의 관계에서 자주 즐거움과 기쁨을 느낀다.
   예 _____   아니요 _____

4. 작은 성취에도 만족과 기쁨을 느낀다.
   예 _____   아니요 _____

5. 힘든 상황에서도 기쁨을 찾을 때가 있다.
   예 _____   아니요 _____

6. 특별한 조건 없이도 기쁨을 느낄 수 있다.
   예 ____   아니요 ____

7. 기쁨이 내 삶에서 중요한 역할을 한다고 생각한다.
   예 ____   아니요 ____

8. 기쁨이 내 삶의 중요한 에너지원이라고 믿는다.
   예 ____   아니요 ____

9. 스트레스 속에서도 긍정적인 면을 찾아 기쁨을 유지할 수 있다.
   예 ____   아니요 ____

10. 나는 주위 사람들과 함께할 때 기쁨을 많이 느낀다.
    예 ____   아니요 ____

11. 내가 좋아하는 일을 할 때, 그 자체로 기쁨을 느낀다.
    예 ____   아니요 ____

12. 나는 일상의 소소한 순간에서도 기쁨을 느끼며 행복하다.
    예 ____   아니요 ____

결과 해석

- **9~12개: 충분한 기쁨 상태**

기쁨을 느끼는 능력이 뛰어나다. 작은 일에도 기쁨을 느끼고, 힘든 상황에서도 긍정적인 면을 찾아내는 힘이 있다. 삶을 더 깊이 누리며 주변 사람에게도 긍정적인 영향을 준다. 기쁨은 삶의 중요한 에너지원이므로 이를 잘 유지하면 더 큰 행복을 누릴 수 있을 것이다.

- **5~8개: 약간의 기쁨 상태**

기쁨을 느끼는 순간도 자주 있지만, 놓치는 경우 또한 있다. 스트레스나 바쁜 일상 때문에 소소한 기쁨을 간과하는 경우가 많다. 더 자주 여유를 주고, 마음을 쉬게 하며 기쁨을 느낄 기회를 의도적으로 만들어보는 것이 좋다. 취미 시간을 마련하거나, 감사한 일들을 기록하며 기쁨을 증대시키는 방법을 시도해 볼 수 있다.

- **0~4개: 심각한 기쁨 결핍 상태**

기쁨을 느끼는 일이 드물거나 일상에서 기쁨을 찾기 어려운 상태다. 기쁨을 느낄 수 있는 환경을 스스로 만들어가는 것이 중요하다. 일상에서 기쁨을 경험할 기회가 적다면 스스로를 돌아보고 무엇이 나를 기쁘게 할 수 있는지 고민해 볼 필요가 있다. 기쁨은 거창한 성취에서만 나오는 것이 아니다. 일상 속에서도 충분히 찾을 수 있다. 예를 들어 산책, 음악 감상, 주변인에게 마음 전하기 등으로도 기쁨을 조금씩 회복할 수 있다.

7장.

세상의 속도에
몸을 내맡기지 마라

느긋한 쉼

우리 사회에서 가속을 허용하지 않는 시간의 형태들은 서서히 자취를 감춘다.[1] 모든 것이 빨라야 한다. 음식도 빨리 나와야 하고, 인터넷도 빨라야 하고, 문자 메시지 답신도 빨라야 한다. 버스도 빨리 와야 하고, 온라인으로 주문한 물건도 빨리 도착해야 한다. 모든 것이 전에 비해 빨라졌음에도 사람들은 여전히 더 빠른 것을 원한다. 이전의 어떤 문명도 지금처럼 속도에 집착한 적이 없다.

한국은 놀라울 만큼 빠른 성장을 한 나라다. 어쩌면 '빠름'은 한국인의 피에 흐르는 특성일지도 모른다. 하지만 우리의 DNA에 새겨진 '속도 전쟁'은 일상을 평온하게 만드는 느림과 인내의 가치를 빼앗았다. 가속화는 느긋함 속에서만 가능한 쉼을 도둑질한 것이다.

전속력으로 마라톤을 하는 사람은 없다

삶에는 속도를 높이는 것 이상의 것이 있다. _마하트마 간디

사회가 속도에 집착하기 시작하면서 많은 사람이 피로와 스트레스를 호소하기 시작했다. 하지만 감속의 기미는 조금도 보이지 않는다. 여기에 기술 혁명이 가져온 정보의 홍수까지 더해지자 주의력마저 분산되기 시작했다. 더 많이, 더 빨리 가려다 더 소진되고 더 산만해진 것이다.

우리가 시대의 요구라 생각하는 이 사회의 집단 달음박질은 환상일지도 모른다. 이 환상이 효율성, 생산성, 성과 그리고 성공이 빠름의 동의어라고 우리를 설득해 온 것이다. 우리는 빠름이 건강을 해치고 다른 이들로부터 고립시킨다는 사실을 알면서도 멈추지 못한다. 쳇바퀴에 올라탄 다람쥐처럼 말이다. 때로는 우리에게 두 가지 선택만 존재하는 듯하다.

계속 달리든가, 더 달릴 수 없어 추락하든가.

예일대학교 정신의학과의 나종호 교수는 "우리 사회가 트레드밀 같다"고 말한다. 자신의 페이스가 아닌 최대치의 속도를 설정하고 쉴 틈 없이 계속 뛰어야만 하는 그런 트레드밀 말이다. 뛰다 보면 떨어질 수도 있고 다칠 수도 있는데, 한번 그렇게 떨어지고 나면 운이나 큰 노력이 없이는 다시 올라타기도 힘든 사회 같다는 것이다. 또한 그는 우리나라가 OECD 국가 중에서 가장 높은 자살률, 가장 낮은 출산율을 가지고 있는 건 이 속도 때문이며, 너무 빠른 나머지 더 이상 지속 가능하지 않다고 주장했다.[2]

정신과 의사인 문요한 마음연구소 소장은 빠른 속도와 함께 '조급함'의 문제를 지적했다.[3] 조급함이 삶의 속도를 높인다는 것이다. 조급함과 빠름, 둘은 뗄 수 없는 관계다. 내적으로 조급한 사람은 외적인 상황을 급박하게 여긴다. 이 조급함과 급박함이 쉼 결핍증을 심화시켰다.

하지만 우리는 중요한 지점을 놓치고 있다. 우리가 기계처럼 빨리 움직이도록 만들어진 '인간 행동'이 아니라 '인간 존재'라는 사실이다. 우리의 몸도 급할 때 빨리 달음박질을 할 수 있도록 만들어졌지만, 그 속도로 오래 달릴 수 있도록 만들어진 건 아니다. 마라톤을 생각해 보자. 마라토너는 전속력으로 달리지 않는다.

뇌조차 속도 제한이 있다. 신경과학자 대니얼 레비틴Daniel Levitin에 따르면 인간의 뇌는 비교적 낮은 대역폭인 초당 약 120비트로 작동한다.[4] 표준 인터넷 연결 속도보다 5000배 느리다. 상대의 말에 집중하는 데 초당 약 60비트가 필요하다. 뇌는 탁월하지만 기계처럼 초고속은 아니라는 뜻이다.

기계도 빠르게, 거칠게 다루면 망가진다. 하물며 우리의 몸과 정신은 어떻겠는가?

결핍적 사고방식과 느긋한 사고방식

우리는 배고프기도 전에 굶주리기를 작정한 사람들처럼 살아간다. _헨리 데이비드 소로

가속 사회에서 느긋한 삶이란 '시간관'에 도전하는 급진적인 저항 행위다. 모두가 빨리 달려가고자 하는 문화에서 의도적으로 느긋한 생활 방식을 선택하는 것이기 때문이다. 극

단적으로 말하면 초고속 시대에 맞서 '소외를 당해도 좋다'고 선언하는 지극히 용감한 행위다.

가속의 삶과 느긋한 삶을 가르는 건 바로 사고방식이다. '결핍적 사고방식'을 가지고 있느냐, '느긋한 사고방식'을 가지고 있느냐가 삶의 방향을 결정한다. 이 두 사고방식은 관계, 자원, 시간 그리고 삶 전반을 바라보는 관점에 지대한 영향을 미치기 때문이다.

결핍적 사고방식은 내면 깊은 곳에 있는 불안과 열등감에서 비롯된다. 이런 사고방식을 지닌 사람들은 자신이 가진 자원이 한정적이고, 성공하기 위해서는 남보다 앞서 나가야 한다고 믿는다. 그래서 어떤 것도 놓치지 않아야 한다는 강박 아래 끊임없이 서두르고 경쟁한다. 결국 자아 존중감은 점점 낮아지고, 삶의 만족도도 떨어지는 악순환이 시작되며 과로와 스트레스로 소진되어 버린 듯한 느낌을 받게 된다.

타인과의 관계에서도 결핍적 사고방식은 부정적인 영향을 미친다. 타인을 협력자가 아닌 경쟁자로 치부하며, 그들과 자신을 계속 비교한다. 다른 사람의 삶이 더 나아 보이고, 그들이 더 많이 가진 것처럼 느낀다. 이는 자괴감과 열등감으로 이어져 외적인 성취를 추구하게 만들지만 결코 만족할 수는 없다. 더 큰 불안만 낳을 뿐이다.

반면 느긋한 사고방식은 우리가 흔히 추구하는 속도와 성과 중심적인 관점과는 다르다. 많은 사람이 느긋함을 게으름이나 나태함으로 오해하지만 느긋함은 사실 중요한 삶의 요소에 집중하기 위해 시간을 음미하는 태도다. 이 사고방식을 가진 사람들은 이미 가진 것의 가치를 인정하고, 더 많이 얻겠다고 서두르지 않는다. 성실하게 살기만 해도 필요한 것들이 채워지리라는 낙관적인 믿음 위에 서 있다.

느긋한 사고방식을 대변하는 표현은 '자족'이다. 현재 가진 것에서 삶의 풍요를 찾는 태도다. 이들은 삶이란 무언가를 쟁취하는 경주가 아니라 그 자체가 목적인 여정이라고 생각한다. 따라서 삶의 과정과 경험을 중요하게 여긴다.

느긋한 사고방식은 마음에 평안을 가져온다. 치열하게 달려가야 한다는 생각이 없으니 자유롭다. 삶은 하나의 경험이자 시간의 압박에서 벗어나 내면과 외부 세계를 연결하는 기회가 된다.

느긋한 사고방식을 가진 사람들은 부족함과 불완전함에 연연하지 않는다. 성실하게 삶을 이어가면 결국 모든 것이 채워지리라는 이들의 믿음은 삶의 과정을 소중히 여기도록 만든다. 이 과정에서 얻은 배움과 성장을 더욱 가치 있게 인식하도록 말이다. 궁극적으로 이 사고방식은 '감사'와도 관계가 있다. 지금 이 순간에 감사하는 태도는 미래에 대한 불안을 내려놓고 현재에 온전히 집중할 수 있게 해준다.

게으름의 다른 표현, 나쁜 느긋함

게으름은 '멈춘 몸'이 아니라 '멈춘 마음'이다.

결핍적 사고방식을 가진 이들에게 느긋한 삶은 어쩌면 사치처럼 느껴질 것이다. 그래도 의식적으로 느긋한 사고방식을 받아들인다면 느긋함에 좀 더 열린 마음을 가질 수 있다. 우선 느긋함의 진정한 의미를 이해하는 게 중요하다. 느긋함과 게으름 사이에 분명한 선을 긋는 것이다.

작가 앨런 패들링은 느긋함을 '좋은 느긋함'과 '나쁜 느긋함'으로 분류한다.[5] 그는 모든 느긋함이 긍정적이지 않으며, 특히 나쁜 느긋함을 주의해야 한다고 주장한다. 나쁜 느긋함이 바로 게으름이다. 나쁜 느긋함은 활력을 빼앗아 삶을 멈출

뿐만 아니라 때로는 '졸고 있는 것처럼' 느껴지게 한다. 성장은 바랄 수도 없고 에너지만 계속해서 소진된다. 반면 좋은 느긋함은 삶을 생동감 있게 만들며, 주의 깊은 상태로 이끈다.

미국의 유명 언론인이자 프리랜서 작가인 브렌다 유랜드Brenda Ueland 또한 나쁜 느긋함은 한마디로 "공허한 게으름"이라고 표현한다.[6] 공허한 게으름은 완전히 침체된 삶, 우유부단한 상태, 걱정과 염려 그리고 신체적으로 '나른한' 것으로 삶에 아무런 의미를 주지 못한다는 것이다.

20세기를 대표하는 영국의 추리소설 작가인 도로시 세이어스Dorothy Sayers도 게으름에 대해 흥미로운 이야기를 했다.[7] 그녀는 게으른 사람들을 관찰한 결과 그들이 항상 '이게 나한테 어떤 이득이 될까?'만 생각하며 손익을 따진다고 말했다. 작가 팀 켈러는 이 주장에 자신의 생각을 덧붙였다.[8] 게으른 사람은 아무것도 믿지 않고, 아무것도 걱정하지 않으며, 아무것도 즐기지 않는 데다 자기 이외에는 어느 누구도 사랑하지도, 미워하지도 않고, 삶에서 어떤 목적도 찾지 못한다고 말이다. 살아야 할 이유도, 죽어야 할 이유도 없으니 '그저 살아가고 있을 뿐'이라는 것이다. 이런 평을 종합해 보면 게으름은 단순히 아무것도 하지 않는 상태가 아니라 삶의 방향과 의미를 잃어버린 상태라고 할 수 있다.

칼빈대학교 철학과의 레베카 드영Rebecca Deyoung 교수도 게으름을 "건전한 의욕과 열정을 훔쳐 가는 도둑"이라고 이야기한다.[9] 그리고 이 도둑이 제일 좋아하는 친구는 당장의 쾌락적 이익이 없다는 이유로 내일, 모레 그리고 다음 주로 일을 미루는 '꾸물거림'이라고 덧붙인다. 또한 게으름은 뿌리를 잘못 내린 자기 사랑이라고 주장한다. 게으른 삶은 이기적인 욕구에만 관심을 두고 살아가는 삶이기 때문이다.

문요한 소장도 게으름을 "우선순위의 애매함"이라 지적하며, '선택 회피 증후군'과 연결시켰다.[10] 우선순위가 분명하지 않은 사람은 선택을 뒤로 미루는 삶을 산다. 그래서 그는 게으름을 '느림'이 아니라 '성장이 멈춘 상태'로 진단했다.

모든 게으름이 나쁜 것은 아니다. 좋은 게으름도 분명히 있다. 목적이 있는 의도적인 느림과 여유는 유익하다. 앞에서 잠깐 설명했듯, 지루함을 느끼고 비활동적인 시간을 보내는 멍 때리기는 뇌를 충전하고 재정비한다. 삶에 새로운 에너지를 불어넣고, 우선순위와 방향을 다시 생각하게 해주기도 한다. 이런 게으름은 좋은 느긋함 또는 건강한 느긋함이라고 부를 수 있다.

좋은 느긋함은 현재에 집중하게 한다

속력이란 무엇인가? 중요한 것에 시간을 투자하고 중요하지 않은 것에 소비하는 시간은 제거하는 것이다. _톰 피터스

그렇다면 좋은 느긋함이란 무엇일까? 먼저 속도부터 살펴보자. 느긋한 삶의 속도는 외부 시계의 초침이 아니라 개개인 내면의 리듬을 따른다. 따라서 분주함이 적고 매사에 여유가 넘치며 때로는 풀잎의 움직임과 스치는 바람도 느낄 수 있다.

느긋하게 읽은 책은 더 오래 기억에 남는다. 느긋하게 먹은 음식은 맛을 섬세하게 느낄 수 있다. 느긋하게 나눈 대화는 서로를 더욱 잘 이해하도록 한다. 따라서 느긋함은 시간과 싸우지 않고 그것을 붙잡아 최대한 효과적으로 쓰는 것이다.

느긋함은 우리가 의식적으로 택해야 하는 것이다. 사람들은 외부에 적합한 환경을 마련해야만 느긋해질 수 있다고 생각하지만, 그런 생각으로는 일상에 느긋함이 찾아오지 않는다. 심지어 휴가 중에도 느긋함을 누릴 수 없을 것이다. 느긋함이 환경이 아닌 우리의 마음가짐에 달려 있는 탓이다. 따라서 작품을 만드는 예술가처럼 우리는 삶에 더할 것과 뺄 것을

선택하며 느긋함을 창조해야 한다.

결국 이 또한 마음을 어디에 집중하느냐에 달렸다. 복잡한 일상 속에서도 느긋할 수 있다. 분주한 사무실, 시끄러운 거리에서도 우리는 평온을 찾을 수 있다. 성난 파도가 바위를 세차게 때리며 물보라를 일으켜도 바위틈의 새들은 평온히 잠들 수 있듯 말이다. 세상의 소음에 휩쓸리지 않고 자신의 리듬을 찾아갈 때 느긋함이 탄생한다.

느긋함은 삶을 바라보는 새로운 방식이다. 빠름과 느림을 이분법적으로 나누라는 것이 아니다. 진정성 있는 삶을 추구하며 균형을 맞추라는 것이다. 시간에 대해 새롭게 이해하고, 분과 초를 쪼개어 더 많이 일하려는 마음에 휩쓸리지 않으며 매 순간을 의미 있게 보내는 지혜가 느긋함이다.

또한 느긋함은 절제다. 느긋한 삶을 위해서는 여러 일을 동시에 해내고 싶은 욕심을 버리고 한 가지 일에 집중해야 한다. 메일과 메시지, 스마트폰과 컴퓨터의 알림에 주의를 빼앗기지 않아야 한다. 이와 같은 절제는 삶에 더 큰 여유와 만족을 선물한다.

결국 느긋한 삶은 현재에 집중하는 삶이다. 영어로 '현재 present'는 '선물'이라는 뜻도 가지고 있다. 느긋함은 현재라는 귀한 선물을 붙잡는 법을 알려준다. 느긋해질 때, 우리는 현재에 머무르며 삶의 소중한 순간들을 온전히 느낄 수 있다.

시간에 쫓기지 말자. 내면을 깊이 성찰하고, 삶의 본질에 다가가자. 순간적인 성취에 매달리지 않고 매 경험을 차분하게 받아들이며 나를 이해하고 성장해 나가는 것이다. 와인이 숙성되며 더 깊은 맛과 향을 내듯 느긋함은 삶을 더욱 풍성한 맛으로 바꾸어준다. 그래서 나는 느긋함을 받아들이는 과정을 '숙성'이라 말하고 싶다. 우리는 숙성될수록 더욱 성숙한 자아를 만들어가게 된다.

프랑스 작가 피에르 상소Pierre Sansot는 이런 맥락에서 느긋함이야말로 현대인에게 꼭 필요한 지혜라고 강조한다.[11] 빠르게 변화하는 세상에서 느림은 하찮은 가치로 여겨지지만, 오히려 이런 시대일수록 느긋함을 선택해야 한다는 것이다.

느긋할수록 나는 내가 된다

쉼은 게으름이 아니다. 여름날 나무 그늘 아래 누워 있는 것도 결코 시간 낭비가 아니다. _존 러벅 느긋함은 이전 장에서 설명한 기쁨과 더불어 경험적 차원에서 쉼을 가장 쉼답게 만드는 요소다. 앨런 패들링은 느긋함을 '쉼의 상태'라고도 표현한다.[12] 느긋함은 삶을 가장 깊이 있게 즐기는 속도다. 느긋할 때 우리가 모든 순간을 누릴 수 있기 때문이다.

쉼의 가장 큰 적은 당연하게도 조급함과 빠름이다. 속도를 조금만 늦추면 쉼은 자연스럽게 삶에 스며든다. 수학 공식처럼 단순하고 명료한 해법이다. 느긋함을 더하면 쉼이 된다. 정확히 말하면 느긋함을 더할수록 쉼은 곱절로 늘어난다. 잘 쉬는 사람은 느긋함을 이해한다. 느긋한 사람은 쉼을 즐길 줄 안다.

느긋함은 시간을 살리는 행위다. 바쁜 일상 속에서도 여유를 찾게 하고, 호흡을 깊고 차분하게 만든다. 이 변화된 호흡은 현재를 온전히 맞이하게 하고, 자기 자신과의 연결을 강화시키며, 다른 이들과 진실된 소통을 하게 한다. 즉 지금 이 순간을 '완전히 경험하게' 만든다.

따라서 느긋한 쉼은 탁월한 자기 돌봄이다. 단순히 쉬는 것이 아니라 스스로를 돌보고 배려하는 행위다. 세상은 우리에게 더 많은 성과를 요구하지만, 그 속도에 맞추다 보면 지칠 수밖에 없다. 느긋함은 이를 막아내는 방패다. 그러니 짧은 순간이라도 의도적으로 속도를 늦추고 마음을 고요하게 만들어보자.

빠르게 쏟아지는 물로 컵을 가득 채울 수는 없다. 물은 컵에 닿는 순간 튀어나갈 것이고, 아무리 노력해도 컵을 전부 채울 수는 없을 것이다. 삶도 마찬가지다. 빠르게 달리면서 삶을 의미 있는 것으로 채울 수는 없다.

쉼 역시 마찬가지다. '더 일을 잘하려고' '쉬어야 하니까' '남들 다 가는 곳에 가려고' 서둘러 쉬면 역효과를 가져올 뿐이다. 쉼은 느림 속에서 진정한 힘을 갖는다. 쉼은 단순한 휴식이 아니다. 자신에게 주는 선물, 마음과 몸을 다시 채우는 과정이다.

초보 도예가와 숙련된 옹기장이의 차이는 '시간'에 있다. 숙련된 옹기장이는 시간을 들여 도자기를 빚는다. 서두르지 않고 집중함으로써 최고의 작품을 만들어낸다. 그러나 초보 도예가는 빨리 더 멋진 모양의 작품을 만들어내야 한다는 생각에 사로잡히기 십상이다. 그러니 느긋해지자. 속도를 조절하는 걸 넘어 삶의 흐름을 조율하자는 이야기다.

생산성, 조금은 다르게 해석하기

애초에 하지 말았어야 할 일을 더 효율적으로 만드는 것보다 더 비생산적인 것은 없다. _피터 드러커

이제 생산성의 개념을 재정의할 필요가 있다. 지금까지 우리는 생산성을 더 많은 결과, 더 높은 효율, 더 짧은 시간, 더 적은 비용이라는 수치 중심의 개념으로 익혀왔다. 공장에서 시작된 이 개념은 이제 학교, 직장, 심지어 가정과 개인의 삶에까지 깊이 스며들었다. 하지만 이 기준은 여전히 유효할까?

오늘날 우리는 과잉 효율과 성과주의의 시대를 살고 있다. 이러한 사회가 부르짖는 생산성은 정말로 삶을 더 풍요롭게 만들고 있을까? 성과를 낼수록 일의 강도는 높아지고, 쉼은 점점 사치가 되어간다. 마음은 탈진하고 관계는 느슨해지며 삶은 공허해진다. 많은 사람이 이렇게 고백한다. "성과는 있지만 기쁨은 없다."

이 상황은 지금까지의 생산성 개념이 오히려 사람을 고립시키고 있다는 경고 신호다. 생산성을 높일수록 더 많은 것을 소유할 수는 있다. 그러나 이 소유는 삶의 만족으로 이어지지

않고 있다. 따라서 우리는 더 생산적이지만, 동시에 더 외롭고 더 지쳐 있다.

이제 생산성은 단지 수치로 측정되는 경제적 결과가 아니라, 삶의 질과 균형, 회복과 의미까지 포괄하는 개념으로 확장되어야 한다. 나는 이를 '삶 중심 생산성'이라 부르고 싶다. 단순히 '더 많이 하는' 것이 아니라, '더 잘 존재하는' 방식이다. 더 많이 연결되고, 더 많이 회복하고, 더 많이 나다워지는 상태 말이다.

기존의 생산성은 한 사람의 시간을 몇 분 단위로 쪼개어 효율을 극대화하려 했지만, 삶 중심 생산성은 오히려 삶의 리듬에 귀를 기울인다. 생태계가 계절을 따라 순환하듯, 인간도 쉼과 일, 집중과 이완이 균형을 이루어야 더 오래, 더 건강하게 살아갈 수 있다. 여기서 쉼과 느긋함은 생산성을 방해하는 요소가 아니라, 진정한 성과를 가능케 하는 기반이 된다.

실제로 지금의 성과 중심 문화는 오히려 역효과를 낳고 있다. 이 책 전반에서 소개한 것처럼 지나친 업무 강도는 번아웃과 우울을 불러오고, 창의성과 몰입을 감소시킨다. 쉼과 느슨해지는 시간이 창의성을 자극하고, 공감과 회복의 능력을 키운다는 사실을 밝혀낸 연구도 등장했다.[13,14]

생산성을 다르게 표현하자는 뜻이 아니라, 정의 자체를 바꾸자는 것이다. 삶을 어떻게 이해하고, 무엇을 우선시할지에 대해 생각을 전환하자는 것이다. 우리는 생산성을 '더 많이 생산하는 것'이 아니라 '더 잘 살아내는 것'으로 바꾸어야 한다.

이 새로운 생산성의 중심에는 균형과 회복 그리고 연결과 존재가 있다. 듣기 좋은 이상적인 말이 아니라, 앞으로 버티며 살아가야 하는 시대에 꼭 필요한 조건이다. 느긋한 쉼, 회복의 시간, 인간다움을 되찾는 삶의 속도. 이 모든 건 선택지가 아니라 생존의 방식이다.

우리는 일로 인해 고갈되지 않고, 일과 함께 살아내야 한다. 더 많이 일하는 사람이 아니라, 더 많이 살아내는 사람이 되어야 한다. 그것이야말로 지속 가능한 생산성이다.

럭셔리한 삶을 꿈꾸는 당신에게

진짜 사치는 사물이 아니라, 특별하다고 느끼는 감정에서 나온다. _알랭 드 보통

'화려함luxury'이라는 단어를 보면 무엇이 떠오르는가? 반짝이는 보석, 비싸고 고풍스러운 가구, 여행지에서의 근사한 파티 등이 떠오른다. 이처럼 '화려함'은 외형을 표현하는 단어로 여겨져 왔다. 하지만 이런 화려함을 현실의 삶에서 마주치기란 쉽지 않다. 마주친다 해도 오래 머무르지 않는다. 대다수의 사람에게 화려함은 실감보다는 기대, 경험보다는 광고에 가깝다.

그런데 왜 우리는 이런 가치에 화려함이라는 표현을 붙였을까?

나는 이 책을 통해 화려함이라는 개념을 새롭게 정의하고 싶다. '느긋함'을 새로운 화려함으로, '느긋한 삶'을 품격 있는 삶으로 규정하고자 한다. 자신이 선택한 리듬을 따르며, 조급함 없이 삶을 음미할 줄 알고, 나만의 걸음으로 걸을 용기를 내는 우아한 삶 말이다.

진정한 화려함은 외부의 장식이 아니라 내면의 상태에서 비롯된다. 부드러운 말투, 따뜻한 미소, 작은 기쁨에 머무를 수 있는 감성, 긴장보다 평온을 선택하는 내적 여유야말로 삶을 반짝이게 만드는 화려함이다. 영화감독 클린트 이스트우드는 이렇게 말했다. "화려함을 시계나 팔찌에서 찾지 마라.

화려함은 웃음과 친구들, 얼굴에 떨어지는 보슬비, 그리고 포옹과 키스에서 찾을 수 있다." 화려함의 기준을 바꾸라는 말이다. 외적으로 소유한 것이 화려함의 조건이었다면, 이제부터는 내면의 상태가 화려함의 본질이 되어야 한다. 무엇보다 이 새로운 화려함은 누구에게나 열려 있다. 누구나 책을 천천히 읽고, 느긋하게 저녁을 먹고, 여유롭게 산책을 나갈 수 있다. 누구나 누릴 수 있는 호사인 것이다.

외적 화려함에 매몰되지 말자. 내적 화려함으로 관점을 돌리자. 럭셔리한 삶이란 비싸고 좋은 것을 소유하고 사용하는 삶이 아니다. 순간의 쾌락이 아닌 지속적인 만족으로 일상을 채우는 것이 럭셔리한 삶이다. 남의 시선보다 내 삶의 진실을 더 귀히 여기는 삶이야말로 시대를 초월하는 화려함이며 우월함이다.

사랑의 속도, 느긋함의 속도

느림이란 나만의 보폭으로 걸어가겠다는 의지이다.
_피에르 상소

느긋한 쉼을 누리기 위해 가장 먼저 해야 할 일은 '나만의 속도 찾기'다. 느긋함은 '느림'만을 의미하지 않는다. 거센 속도로 달려 나가는 삶을 의도적으로 붙잡아 자신의 리듬에 맞게 살아가려는 의지다. 그렇기에 누구에게나 느긋함의 수준이 동일하지 않다. 어떤 이에게는 빠름이, 어떤 이에게는 멈춤이 느긋함일 수 있다. 느긋함에는 보편적인 기준이 없으며, 각자의 상황, 몸, 관계, 시간의 흐름 속에서 다르게 나타난다.

그렇기에 느긋함은 일종의 '주체적 선택'이다. 사회가 요구하는 속도와 리듬에서 한 걸음 물러서서, 지금 나에게 가장 필요한 속도는 무엇인가를 자문하는 삶이다. 그리고 그 속도를 따르기 위해서는 '나 자신으로 충분하다'는 깊은 자기 수용이 전제되어야 한다. 타인과 끊임없이 비교하며 스스로를 평가하는 마음으로는 결코 자기만의 속도를 찾을 수 없다.

그러려면 내가 누구인지 알고 있어야 한다. 내가 어떤 삶을 원하는지, 어디로 가고 싶은지를 알 때 비로소 내 걸음의 크기와 리듬도 분명해진다. 그렇게 나만의 속도로 살아갈 때 비로소 내면의 평화가 찾아오며 더 단단한 걸음으로 나아갈 수 있다. 그 속도를 나는 '사랑의 속도'라 부른다.

여기서 말하는 사랑은 낭만의 감정이 아니다. 서로를 알아가고, 돌보고, 함께 시간을 보내며 관계를 형성하는 삶의 리듬이다. 이 속도는 기술이나 시장이 요구하는 속도, 즉 빠르게 더 많이 성취하라고 요구하는 속도와는 본질적으로 다르다. 사랑은 '얼마나 빠른지'가 아니라 '얼마나 깊이 있는지'를 묻는다. 그렇기에 사랑이 흐르기 위해서는 속도를 늦춰야 한다.

사랑은 늘 더 느린 속도를 요구한다. "빨리 사랑해라"라는 말이 성립하지 않듯 말이다. 누군가를 이해하고 돌보려면 시간을 써야 하고, 관계는 관심과 기다림 속에서 깊어진다. 이렇게 보면 사랑은 효율성과는 거리가 먼 가치다. 더 빨리, 더 많이 해내는 것이 아니라 더 오래, 더 깊이 해내야 하기 때문이다. 그래서 나는 느긋함의 속도를 '사랑이 가능해지는 속도'라고 표현하고 싶다. 다음 장에서 다룰 '사랑' 그 자체를 의미하지 않는다. 사랑이 흐를 수 있는 환경, 즉 진정한 연결과 공감이 자라날 수 있는 존재의 리듬을 말하는 것이다.

중요한 지점이 하나 더 있다. 사랑은 타인을 향한 감정이기도 하지만, 동시에 나 자신을 돌보는 태도이기도 하다. 그리고 이 자기 돌봄 또한 속도의 문제다. 우리는 누구도 자신을 서둘러 사랑할 수 없다. 진심으로 자신을 돌보는 일은 빠른 결과나 효율을 요구하는 방식으로는 도달할 수 없다. 자기 이해, 자기 수용, 자기 회복은 모두 시간을 필요로 한다. 타인을 빨리 사랑할 수 없듯, 자기 자신도 급하게 다룰 수 없다. 자기 사랑은 느긋함 속에서만 가능하다. 그것은 느림을 통해 자기 존재에 귀 기울이고, 그 안에 숨겨진 필요를 알아차리고, 돌봄의 공간을 여는 과정이다. 느긋함은 결국 나를 너무 조급하게 몰아붙이지 않는 사랑의 속도이며, 나 자신에게 깊이 다가가는 데 꼭 필요한 내면의 리듬이다.

세상은 언제나 우리에게 더 빨리, 더 많이를 외치지만, 관계는 그렇게 형성되지 않는다. 사랑은 속도의 경쟁이 아니라 존재의 깊이를 요구한다. 그리고 그 깊이는 느긋함 속에서만 자랄 수 있다.

느긋한 쉼이란 결국 나의 삶에 사랑이 들어설 수 있도록 속도를 낮추는 선택이다. 그 속도는 단지 게으르거나 뒤처진 것이 아니라, 나와 타인의 존재를 더 깊이 들여다보는 삶의 여유이며, 더 인간답게 살아가기 위한 근본적인 전환이다.

과속은 잔인하게 제거하라

과속은 더 많은 것을 놓치기 위한 가장 빠른 방법이다.

스위스의 심리학자이자 정신과 의사였던 카를 융은 말했다. "서두름은 '악마적인 것'이 아니다. 그 자체로 악마다."[15] 서던캘리포니아대학교 철학과 교수였던 달라스 윌라드Dallas Willard도 이런 말을 했다. "서두름은 잔인하게 제거되어야 한다."[16] 영성가이기도 했던 그는 이 말로 많은 이에게 과속하는 삶을 경고했다.

우리 삶에서 과속과 서두름을 무자비하게 내쳐야 한다. 달팽이처럼 느리게 살라는 말이 아니다. 올바른 속도를 추구하라는 것이다. 빠른 삶에 느림의 순간을 끼워 넣음으로써 아름다운 리듬을 만들어가라는 것이다. 과속 중에는 삶에 들어올 수 없었던 감정들을 끌어오라는 뜻이며, 의미 있는 삶을 만드는 의도적이고 혁신적인 선택을 하라는 권유다.

끊임없이 기술을 발전시키고 속도와 효율성을 추구하는 현대 사회에서 느긋함은 과속의 단순한 반대 개념이 아니다. 느긋함은 피상적 삶의 해독제다. 속도의 균형을 찾는 것이고,

양보다 질을 우선시하며 성장할 수 있는 관계와 활동을 늘리는 것이다.

조금은 느긋한 속도로 살아갈 때, 우리는 삶의 매 순간을 깊이 음미할 수 있다. 모든 경험과 관계에 깊이 몰입하게 된다. 이것이 바로 느긋함이 선물하는 아름다움이다.

또한 느긋함은 전통적인 생산성 패러다임에 대한 직접적인 도전이다. 효율성과 창의성이 시간의 채찍 아래에서 생긴다는 생각에 반기를 드는 행위다. 느긋함은 주장한다. 효율성도, 창의성도 시간과 사고가 여유로울 때 생겨난다고. 혁신적인 아이디어는 느긋한 순간에 온다. 따라서 느긋한 사고는 신중하고 지속 가능하며, 목표와 가치에 깊이 뿌리를 둔 혁신 문화를 조성하는 요소다.

그러니 기억하자. 삶에서 과속과 서두름을 무자비하게 내쳐야 한다는 사실을 말이다.

☑ 느긋함 자가 진단 체크리스트

다음 질문을 읽고 내 삶에 가장 알맞다고 여기는 답변에 체크해 보자. 각 항목의 점수를 모두 더해 총점을 계산하면 현재 자신이 삶에 느긋함을 얼마나 받아들이고 있는지 확인할 수 있다.

1. 빠르게 하지 않으면 불안하다.
   0 전혀 아니다   1 가끔 그렇다   2 자주 그렇다   3 항상 그렇다

2. 모든 일을 최대한 효율적으로 처리해야 한다고 느낀다.
   0 전혀 아니다   1 가끔 그렇다   2 자주 그렇다   3 항상 그렇다

3. 타인의 속도나 성과와 자꾸 비교하게 된다.
   0 전혀 아니다   1 가끔 그렇다   2 자주 그렇다   3 항상 그렇다

4. 한 가지 일을 끝내도 다른 일을 시작하지 않으면 초조하다.
   0 전혀 아니다   1 가끔 그렇다   2 자주 그렇다   3 항상 그렇다

5. 휴식 시간에도 업무나 할 일 목록이 떠오른다.
   0 전혀 아니다   1 가끔 그렇다   2 자주 그렇다   3 항상 그렇다

6. 일상에서 여유를 느낄 시간이 거의 없다.

   0 전혀 아니다   1 가끔 그렇다   2 자주 그렇다   3 항상 그렇다

7. 다양한 활동 속에서 의미보다 성과에 집중한다.

   0 전혀 아니다   1 가끔 그렇다   2 자주 그렇다   3 항상 그렇다

8. 주변 사람들과 대화할 때도 마음이 조급해진다.

   0 전혀 아니다   1 가끔 그렇다   2 자주 그렇다   3 항상 그렇다

9. 현재에 집중하기보다는 미래 걱정이 앞선다.

   0 전혀 아니다   1 가끔 그렇다   2 자주 그렇다   3 항상 그렇다

10. 느린 속도로 무엇인가를 하면 무능력하다고 느껴진다.

    0 전혀 아니다   1 가끔 그렇다   2 자주 그렇다   3 항상 그렇다

결과 해석

- **0~9점: 느긋함을 잘 실천하고 있음**

당신은 느긋한 삶을 영위하고 있다. 여유로운 태도를 가지고 균형 잡힌 삶을 만들어가고 있으며, 쉼의 중요성을 이해하고 적극적으로 활용하는 모습이 돋보인다.

- **10~19점: 느긋함이 필요함**

가끔 조급함을 느끼고, 여유롭지 않다는 생각이 든다. 의식적으로 느긋한 태도로 지내려 노력하고 일상 속에서 쉼의 시간을 계획적으로 늘려야 한다. 현재의 순간을 음미하며 사는 연습이 필요하다.

- **20~30점: 심각한 조급함 상태**

빠른 속도와 효율에 집착하며 쉼의 중요성을 간과하고 있을 가능성이 크다. 이는 신체적, 정신적 건강에 부정적인 영향을 미칠 수 있다. 느긋하게 지내는 루틴을 일상에 의식적으로 포함하고 쉼을 재발견해야 한다. 지금의 상태가 지속되면 불안 증상이 생길 수 있으므로 느긋함의 회복에 주의를 기울일 필요가 있다.

8장.

삶은 사람으로 충만해진다

사랑의 쉼

─────────── 하이테크hi-tech 시대의 우리는 손가락을 몇 번 움직이는 것만으로 세상 끝까지 연결될 수 있다. 정보는 빛의 속도로 퍼져나가고, 타인과의 대화는 즉각적이고 쉬운 일이 되었다. 이 모든 연결 속에서 우리는 무엇을 잃었을까? 바로 '하이터치hi-touch'다. 기술이 삶을 지배하며 인간적인 온기와 직접적인 만남의 순간들이 희미해져 가고 있는 것이다. 하지만 기술이 아무리 발전한다 한들 사람과 사람의 대면에서 자연스럽게 드러나는 '진정성'은 만들어낼 수 없다. 손을 잡고 눈을 바라보며 얼굴의 미세한 표정을 읽는 데서 오는 진정성은 화면을 통해서는 느낄 수 없는 것이다. 이것이 바로

하이터치의 가치다.

하이터치는 서로 접촉하는 것을 넘어 마음과 마음이 만나 진정으로 연결되는 경험을 뜻한다. 우리는 서로의 존재를 느끼는 순간으로 삶의 의미를 더해간다. 하지만 스마트폰을 사이에 두고서 온기를 전달하는 데는 한계가 있다.

연결되지 않는 우리들

우리는 관계를 가졌다고 느끼지만, 사실은 대화를 잃고 있다. 우리는 연결되었지만, 고립되었다. _셰리 터클

하이테크가 만들어낸 사이버 공간은 겨울 날씨처럼 차갑다. 사람의 체온이나 따뜻한 감정이 없다. 스크린의 안내 문구와 이어폰으로 들려오는 AI의 목소리는 편리할지 몰라도 '관계'가 될 수는 없다. MIT의 터클 교수는 《외로워지는 사람들》이라는 책에서 이러한 단절의 상황을 경고했다.[1] 그는 디지털 기술이 우리를 더 잘 연결해 주는 것처럼 보이지만, 실제로는 점점 더 외롭게 만들고 있다고 말한다. 미국 버

지니아대학교의 미디어학과 교수인 시바 바이디야나단Siva Vaidhyanathan도 비슷한 주장을 했다.[2] 그는 페이스북이 우리를 이어주는 것처럼 보이지만 사실상 단절시키는 미디어라고 지적하며, 심지어 반사회적 미디어라고까지 주장한다. 손가락 끝으로 조작하는 이 소셜 미디어가 인간의 진정한 교류와는 거리가 멀다는 것이다.

우리는 교감을 잃어버리고 있다. 온기와 진심을 스크린 너머로 미뤄버렸다. 다시 물리적이고 따뜻하며 인간적인 순간을 삶에 받아들일 필요가 있다. 기술이 아무리 발전해도 우리 마음 깊은 곳에는 다른 사람과 진정으로 연결되고 싶어 하는 관계의 욕구가 숨겨져 있다. 그 연결의 경험을 쌓아나가는 것은 결국 우리의 선택에 달려 있다.

관계의 욕구를 디지털로 대체하려는 건 어리석은 생각이다. '좋아요'와 '팔로우'는 연결되었다는 착각을 불러일으킬 뿐이다. 그곳에 연대는 없고, 찰나의 피상적인 상호작용만 남아 있다.

하이테크와 하이터치 사이의 균형이 무너지면 이런 상황이 인간관계를 잠식하게 될 것이다. 그래서 나는 하이테크의 편리함을 취하면서도 하이터치의 가치를 지켜가는 것이 진정한 행복의 길이라고 생각한다.

온기와 다정을 되찾으려는 시도

모든 기술적 발전은 편리함을 증가시키지만, 동시에 그 자체의 문제를 낳는다. _마셜 매클루언

지금의 '얕은 관계'를 표현하는 말이 있다. 바로 '로우터치 low touch'다. 비인간적이고 차가운 관계를 뜻하는 로우터치는 우리가 관계 맺는 방식을 조용히, 그러나 확실하게 바꾸어놓고 있다.

하이테크가 만들어낸 로우터치에 저항하는 것은 진정한 연결의 시작이다. 저항이란 단순히 기술을 거부하는 것이 아니다. 기술이 만들어낸 '문화'를 재구성하는 것이다. 인간다운 온기와 접촉을 주도적으로 되찾겠다는 의지이기도 하다.

우리 삶을 위로하고 긍정했던 순간들을 생각해 보자. 누군가가 내민 손길, 손을 잡고 함께 걸으며 고민거리를 나누던 순간, 같이 밥을 먹다 터진 웃음 등이 떠오르지 않는가? 이

순간들에는 모두 '터치'가 있다. 물리적 접촉뿐만 아니라 마음과 마음이 맞닿는다는 의미의 터치다.

이 순간들을 되찾기 위해서는 의도적으로 따뜻한 관계를 만들어가야 한다. 이때 필요한 것이 바로 '공동체'다. 개인의 실패와 좌절을 함께 나누며 지지해 주는 공동체 말이다. 공동체에는 개인의 불안을 잠재우는 기능이 있기 때문에 불안으로 점철된 이 시대에 꼭 필요한 귀한 가치다.

혼자 잘살던 시대는 끝났다. 우리가 공생하고 협력하며 살아가야 하는 존재라는 사실을 인지해야 한다. 서로의 존재를 인정하고 관계를 강화하는 것, 그것이야말로 하이테크 시대를 살아가는 우리에게 가장 필요한 저항이다.

호모 심비우스, 공생이라는 가치

우리가 인간으로 존재하는 이유는 서로를 필요로 하기 때문이다. _데이비드 브룩스

사람과 사람 사이 연결이 느슨해지고 소원해질수록 필요

한 것이 '호모 심비우스homo symbious적 태도'다. 호모 심비우스는 생태학자인 이화여대 최재천 교수가 만든 새로운 학명으로, '공생하는 인간'이라는 뜻을 담고 있다.

최재천 교수는 수십 년간 생태계를 연구하며 흥미로운 점을 발견했다. 바로 생태계의 공생적 협력 관계다.[3] 그는 자연이 인간 사회처럼 경쟁적이었다면 이미 파괴되었을 것이라고 주장한다. 자연은 협력적 관계를 통해 균형을 이루며 지속되고 있다는 것이다. 그는 인간도 호모 심비우스, 즉 다른 생명체와 공생하는 존재로 거듭나야 한다고 주장했다.

그가 '공생'을 인간과 자연 사이의 관계에만 국한한 것은 아니다. 인간과 인간 사이에도 공생적 사고가 필요하다. 우리는 독립적으로 존재하는 것이 아니라, 서로의 상호작용과 협력을 통해 발전해 왔다. 서로 돕고 돌보는 공생의 관계 속에 인간성 회복의 열쇠가 숨어 있는 것이다.

자연계에서 공생적 관계를 잘 보여주는 예가 꿀벌과 꽃이다. 꿀벌은 꽃에서 꿀을 모아 먹이를 얻고, 대신 꿀벌이 꽃가루를 옮겨줌으로써 수분受粉을 돕는다. 이처럼 서로 다른 역할을 통해 서로의 생존과 번영에 기여하는 것이 바로 공생이다. 공생하는 자연의 모습은 인간이 나아가야 할 방향을 제시해준다.

인간도 혼자 완전할 수 없다. 진정으로 풍요로운 삶을 위해서는 공생이 필요하다. 서로의 존재를 인정하고 존중하는 호모 심비우스적 태도가 관계의 온도를 높이고, 현대 사회의 문제인 소외와 단절을 극복하는 해답이 될 것이다.

호모 심비우스적 태도는 당장 실천할 수 있다. 다른 사람의 이야기를 경청하고, 필요할 때 손을 내밀며, 작은 친절을 베풀고 관계를 유지하는 일상적인 행동이 그 실천에 해당한다. 이런 작은 행동으로 회사에서도, 살고 있는 동네에서도, 가족 내에서도 협력과 상생을 이끌어낼 수 있다.

호모 심비우스적 태도는 개인의 삶뿐만 아니라 사회의 안정에도 기여한다. 사회 구성원 간의 신뢰와 유대가 강해질수록 사회적 문제를 해결하는 힘도 강해지기 때문이다. 즉 오늘날 점점 더 파편화되는 사회에서 우리를 다시 하나로 묶어주는 강력한 실천적 대안이라고 할 수 있다.

공생은 우리의 본질이다. 서로를 인정하며 함께 살아가는 것이 인간다움이며, 우리 모두가 지향해야 할 삶의 방식이라는 점을 잊지 말아야 한다.

관계는 행복한 삶의 필요조건이다

우리에게 절실한 것은 인간관계의 회복과 배부름이다.
_댄 알렌더

'긍정심리학의 아버지'인 마틴 셀리그먼Martin Seligman은 다른 사람들과의 관계가 삶이 힘들 때 가장 큰 위로가 되어주며, 행복의 가장 믿을 만한 원천이라고 말한다. 실제로 그는 행복 연구에서 긍정 정서를 자주 경험하는 사람의 88퍼센트가 '인간관계'를 핵심 요소로 꼽았다고 보고했다. 관계가 무너지면 삶의 만족감도 무너진다는 것이다.[4]

이 주장은 하버드대학교에서 80년 이상 진행된 추적 연구를 통해서도 증명되었다.[5] 1938년부터 시작되어 하버드대학교에 입학했던 학생 268명과 보스턴 지역 빈곤 가정 출신 456명을 대상으로 한 이 대규모 종단 연구는 피실험자들의 신체 건강, 관계, 진로, 정신 건강 등을 노년에 이를 때까지 주기적으로 조사하며 삶의 질을 추적했다.

연구 책임자 로버트 월딩거Robert Waldinger에 따르면 93퍼센트의 하버드대학교 학생이 자신이 가장 행복했다고 느낀

시기를 가까운 사람들과의 관계가 가장 좋았던 시기로 기억했다. 돈이나 명예가 아닌 가까운 관계가 삶을 결정한다는 것이다. 월딩거는 말한다. "좋은 관계가 우리를 더 건강하고 더 행복하게 만든다."

친밀한 관계는 인생의 불만으로부터 나를 보호한다. 정신적, 신체적으로 무너지지 않게 도와주기도 한다. 사회적 지위나 지능, 심지어 유전자보다도 친밀한 관계가 행복한 삶을 예측하는 데 더 나은 지표가 된다는 사실은 우리에게 큰 충격으로 다가온다.

하버드대학교 졸업생뿐만이 아니었다. 도시 빈민 노동자 자녀들까지 포괄한 후속 연구에서도 동일한 결과가 나왔다. 사람의 행복을 좌우하는 건 학력, 직업, 수입, 외모와 같은 요소가 아니었다. 행복을 예측하는 가장 중요한 요소는 관계였던 것이다. 특히 가족과 친구, 주변 사람들과의 관계가 삶의 질과 행복도를 좌우하는 결정적인 요소임이 드러났다.

내 연구에서도 동일한 결과가 나타났다. 나는 척수장애를 가진 사람들의 행복과 삶의 의미를 연구한 적이 있다. 이 연구에서 발견한 가장 중요한 사실은 척수장애를 가진 사람들에게 가장 큰 행복을 안겨주는 요소 역시 다른 사람들과의 의미 있는 관계였다는 점이다.[6,7] 장애가 있든 없든 관계가 행복에 미치는 영향은 모든 사람에게 동일하다. 결국 행복과 관계의 정비례는 보편적인 법칙이다.

하버드대학교의 연구나 나의 연구가 분명히 보여주는 것은 행복이 물질적 조건이 아닌 연결에 달려 있다는 사실이다. 몸의 제약과 상관없이 우리는 서로에게 기대고 의지할 때 더 큰 행복을 느낀다.

왜 그럴까? 답은 간단하다. 그렇게 만들어졌기 때문이다. '인간人間'이라는 한자어를 생각해 보자. '인'은 두 개의 획이 서로를 지지하며 서 있는 모습이다. '간'이 의미하는 '사이'는 물리적 거리뿐만 아니라 사람과 사람 사이에 형성된 좋은 관계를 의미한다. 즉 인간이라는 단어 자체가 관계를 의미하며, 우리가 다른 사람과의 관계 속에서 살아가는 존재라는 사실을 보여준다.

그렇기에 관계를 무시하고 '나'만을 위해 산다는 것은 허상이며, 반쪽짜리 행복이다. 우리는 '나'인 동시에 '우리'인 존재다. 그렇기에 관계 속에서 온전한 행복을 느낀다. 다른 이들과 관계하도록 만들어졌기 때문이다. 혼자서는 온전히 행복할 수 없는 존재다.

작가 메리 백스트롬도 이야기한다. "기쁨으로 가는 길은 다른 사람과 맺어지는 좋은 관계에 있다."[8] 그는 이 관계를 '사랑'이라고 부른다. 기쁨은 관계적이며, 그 본질은 사랑이다. 모든 인간에게 공통적으로 말이다.

일본의 작가 요시노 겐자부로 역시 관계에서 오는 기쁨을 인생의 본질적 측면으로 묘사했다.[9] 그는 기쁨은 서로 간의 연민, 친절, 호의에서 비롯된다고 주장했다. 주고받는 관계, 서로를 지원하고 이해하는 관계에서 깊은 기쁨과 만족이 형성된다는 것이다. 특히 좋은 인간관계의 특징은 이타심에 있다. 아름다운 관계는 이기심이 아니라 이타심에 기초한다. 선한 일을 하고 아무런 대가를 바라지 않는 데서 오는 순수한 즐거움이 인간 행복의 중심이다.

이를 통해 알 수 있는 건 행복이 우리 '사이'에 있다는 사실이다. 다른 사람과 연결되고, 서로를 돕고, 함께 살아가는 길 위에 삶의 의미와 기쁨이 존재한다.

쉼의 다른 이름, 사랑

우리는 사랑에 빠질 때까지 잠들어 있다. _레프 톨스토이

사람과 사람을 연결하는 가장 굵은 밧줄은 무엇일까? 나는 '사랑'이라 생각한다. 누군가를 사랑할 때를 생각해 보자. 하루 종일 그 사람 생각이 난다. 어디에 있는지, 무엇을 하고 있는지 상상한다. 사진도 들여다보고, 좋았던 순간도 떠올려 본다. 그러고만 있어도 행복하다. 사랑을 해보지 않은 사람이라면 이해하지 못할 것이다. 그러나 사랑하면 행복하다는 건 분명한 진실이다.

사랑은 우리의 마음을 바꾸어버린다. 기쁨과 설렘의 감정으로만 그치지 않는다. 우리의 마음을 위로하고, 강하게 만들어준다. 사랑에 빠지면 삶의 어려움도 더 쉽게 견딜 수 있다. 아무리 힘든 상황이라도 사랑하는 이와 함께라면 고통은 덜어지고, 그 속에서도 의미를 발견할 수 있다. 사랑은 마치 고된 일상 속에서 만난 오아시스 같다. 버틸 수 있는 힘, 나아갈 수 있는 동기가 된다. 즉 우리 삶의 쉼과 같은 존재다. 사랑하면 쉼이 온다. 사랑은 쉼이다.

영국의 시인 윌리엄 워즈워스William Wordsworth는 말했다. "훌륭한 사람의 삶은 기억되지 않는 작은 친절과 사랑의 행동으로 이루어진다."[10] 작은 친절과 사랑의 행동은 일상에 쉼을 만든다. 생산성에 얽매이지 않고 관계에 집중하게 된다. 다른 사람과 함께 있는 즐거움을 누리려 하고, 그들의 존재를 존재 그 자체로 받아들이려 한다.

사랑이 불러오는 쉼은 사회와 문화의 변화를 이끄는 힘이 있다. 기술 중심 사회에서 쉼은 사물보다 사람을, 공간보다 시간을 소중히 여기게 한다. 이 특성 때문에 타인의 존재와 의미를 되새기게 되며, 타인과 함께 보내는 시간을 높이 평가하게 된다. 즉 쉼을 통해 우리는 잊고 있던 삶의 가치를 되찾을 수 있다.

바쁘게 살다 보면 관계를 유지하기 위한 시간의 필요성을 잊게 된다. 하지만 관계에는 충분한 시간이 필요하다. 느긋하게 대화할 시간, 그들을 이해할 시간, 깊이 연결되고 나와 그들의 존재를 새롭게 인식할 시간 말이다. 사랑은 바로 이러한 쉼의 시간을 만들어낸다.

또한 사랑은 기쁨을 배가시키는 힘이다. 그리고 기쁨은 혼자 느낄 때보다 누군가와 나눌 때 더 커진다. 많은 사람이 기쁨은 혼자 느끼는 것이라고 생각한다. 하지만 진정한 기쁨은 다른 사람과 나눌 때 오히려 진가를 발휘한다.

사랑하는 사람이 행복해하는 모습을 볼 때를 떠올려 보자. 내가 더 기뻐지지 않는가? 이런 '대리적 기쁨'은 순간적인 만족에서 끝나지 않고 정서적 유대감을 더욱 깊게 만든다. 이뿐만이 아니다. 기억에 오래 남는 기쁨의 순간에는 대체로 함께 기뻐하는 누군가가 있다. 기쁨에 파급 효과가 있기 때문이다.

기쁨에 담긴 긍정적인 에너지는 계속해서 다른 사람에게 전해진다. 한 사람이 타인의 성취를 함께 기뻐하며 행복을 느끼면, 그들이 속한 공동체 전체에 긍정적인 영향이 생긴다. 이처럼 기쁨은 물결처럼 확장되어 사람과 사람 사이 경계를 넘어 세상에 닿는다. 이것이 바로 '기쁨의 전염성'이며, 이 또한 사랑의 한 갈래다.

사랑은 기쁨을 증폭시키고, 쉼은 그 기쁨의 효과를 배가시키는 매개체. 사랑과 쉼 속에서 발견된 기쁨은 개인의 삶을 넘어 가족과 지친 이웃의 삶을 회복시키는 데까지 이어진다. 이 과정이 확장되고 확장된다면, 어쩌면 세상 또한 변화시킬 수 있지 않을까?

공동체가 쉼의 원천이 된다

쉼은 혼자가 아니라 함께 있을 때 더 깊어진다. _헨리 나우웬

월터 브루그만은 쉼이란 생산과 소비의 굴레에서 벗어나 사랑을 나누는 '이웃 간의 사귐'이라고 말한다.[11] 쉼은 단순히 피로를 푸는 시간이 아니라, 경쟁과 강요의 사회에서 연대를 되찾는 시간이다. 공동체 속의 자신을 발견하고, 삶에 대한 관점을 바꾸는 시작점이기도 하다. 그래서 쉼을 가족, 이웃과의 관계를 돌보는 데 할애할 때 그 진가를 발휘한다.

앞서 언급한 작가 백스트롬도 쉼의 즐거움은 공동체 안에서 더욱 빛을 발한다고 강조했다.[12] 또한 쉼이 소속감과 단결의 기회라고 말했다. 즐거움을 공유하는 것은 공동체의 경험이 되며, 공동체 전체의 웰빙에 기여하기 때문이다.

무엇보다 공동체에서 보내는 쉼은 사회가 욕망을 부추길 때 스스로 제동을 걸 수 있게 해준다. 쉼 자체가 자신과 타인을 돌아보는 시간이기 때문이다. 이 과정 때문에 우리는 서로가 생산의 도구가 아니라 서로에게 필요한 존재임을 깨닫게 된다.

쉼은 이처럼 우리 삶에서 관계의 의미를 재발견하고, 나와 타인을 돌보는 시간이다. 즐거운 대화와 활동을 통해 서로를 알아가고 마음을 나눌 때 개개인의 삶에도 쉼표가 찍히며, 느긋함과 기쁨이 찾아온다. 그리고 이 과정에서 공동체는 더욱 단단해지며 서로에 대한 이해로 충만해진다. 즉 쉼은 서로를 더 잘 알 수 있는 깊고 아름다운 대화다.

그렇다면 우리 삶에서 만날 수 있는 공동체에는 무엇이 있을까? 지금부터 하나씩 살펴보도록 하자.

가족은 늘 당신 그 자체를 원한다

가족들은 당신이 얼마나 많이 일했는지가 아니라 그들과 얼마나 함께 있었는지를 기억한다. _밥 고프

미국의 베스트셀러 작가 디네시 더수자Dinesh D'Souza는 가족과 쉼에는 깊은 연관성이 있다고 이야기하며, 오늘날 가족과 함께하는 시간이 얼마나 중요한지 강조했다.[13] 그는 우리가 생산성 중심의 사고방식에 매몰되면서 사랑하는 가족들과

보내는 시간을 잃어가고 있다고 지적했다.

우리나라의 대표적인 지성인 이어령 교수도 전형적인 한국 남성처럼 가족에게 사랑을 표현하는 데에는 서투른 면이 있었음을 고백했다. 특히 딸과의 관계에서 이 점이 두드러졌다. 그의 딸은 암으로 투병하다 아버지보다 먼저 세상을 떠났는데, 생전에 쓴 글에서 아버지와의 일화를 밝힌 바 있다. 굿나잇 인사를 하기 위해 예쁜 잠옷을 입고 아버지의 서재를 두드렸지만, 아버지는 고개도 들지 않고 손만 건성으로 흔들었다는 이야기다.

딸이 세상을 떠난 뒤 이어령 교수는 깊은 후회를 한 것으로 보인다. 그는 좋은 피아노를 사주고, 좋은 차를 태워주며, 좋은 학교에 보내는 것이 사랑이라 믿었지만, 이제는 사랑이 부족했음을 안다고 고백했다. 그러고는 옛날로 돌아가자며, 하얀 레이스 잠옷을 입고 굿나잇 인사를 하면 펜을 내려놓고 두 팔을 벌려 안아주겠다고 이야기했다. 보고 싶다는 말을 덧붙이며 말이다.[14]

아이들에게는 시간이 곧 사랑이다. 함께 보내는 시간이야말로 사랑과 기쁨을 증폭시킨다. 저명한 카운슬러인 웨인 멀러Wayne Muller는 "질적인 시간의 갑작스러운 분출로는 아이들에게 관심과 사랑을 대신할 수 없다"고 말한다. 가끔씩 많은 시간을 내는 것으로는 아이가 부모의 사랑을 충분히 느끼기 어렵다는 뜻이다. 사랑은 정기적이고 꾸준한 관심 속에서 자라난다.[15] 부모라면 아이들과 함께 웃고 신나게 놀며, 전적인 관심과 애정을 표현하는 데 시간을 써야 한다. 가족의 세계로 들어가 사랑을 나누는 시간이 바로 가족과의 쉼이다.

집에 일을 끌어들이지 않고 가족의 안녕에 집중하는 시간, 그 시간이야말로 진정한 휴식 공간이 된다. 그렇기에 가족과의 시간이 삶의 중요한 부분임을 인식하고 의도적으로 만들어야 한다. 이를 원칙과 습관으로 만들어 지키는 것이 곧 행복을 지키는 길이다.

이웃과 나누고 베푸는 일의 의미

진정한 부는 얼마나 많이 가졌는지가 아니라 얼마나 많이 나누었는가에 달려 있다. _테레사 수녀

이제 '이웃'이라는 공동체 이야기를 해보자. 달과 별밖에

가진 것이 없는 이들이 자신보다 더 어려운 이웃을 돕는 모습을 볼 때마다 나는 늘 숙연해진다. 몇 해 전 폐지를 주워 생계를 이어가던 80대 할머니가 명절을 맞아 더 어려운 이웃에게 300만 원을 기부했다는 이야기를 들었다. 자신이 조금 더 편해지는 대신 이웃이 조금 더 편해지기를 바란 것이다. 그 이야기를 듣고 행복이란 움켜쥐는 것이 아니라 나누는 데서 온다는 사실을 깨달았다.

우리는 이웃을 사랑할 때 진정으로 행복할 수 있는 존재다. 누군가에게 자신의 것을 기꺼이 내어줄 때 우리는 더욱 인간다워진다. 그 행위 자체가 사랑에서 비롯되었기 때문이다. 사랑은 우리 내면에 날 때부터 새겨진 본능이기에 자연스럽게 만족감과 행복을 불러온다.

여러 심리학자가 재산을 어떻게 사용하느냐에 따라 행복을 느끼는 정도가 달라진다고 주장한다. 특히 다른 사람들에게 재산을 나누고 베푸는 부자들이 재산을 축적하기만 하는 부자들보다 더 큰 행복을 느낀다는 것이 다수의 연구 결과로 드러났다.

캐나다의 사회심리학 교수이자 《세계 행복 보고서》의 부편집장인 라라 애크닌Lara Aknin의 연구에 따르면 타인을 위해 돈을 쓸 때가 자신을 위해 쓸 때보다 더 큰 행복을 가져다준다고 한다.[16] 이러한 '친사회적 소비prosocial spending'는 경제적 상황이나 문화적 배경을 막론하고 전 세계적으로 동일하게 행복감을 높이는 데 기여한다는 것이다. 미국의《행복학 연구Journal of Happiness Studies》도 자선 기부나 관대한 행동을 하는 사람들의 삶의 만족도가 그렇지 않은 사람들보다 훨씬 높다는 연구 결과를 발표했다.[17]

왜일까? 타인을 돕는 과정에서 느끼는 성취감과 목적 의식이 삶에 깊은 만족감을 주기 때문이다. 자신의 이익만을 위해 재산을 쌓는 사람들은 높은 행복감을 경험하지 못할 가능성이 크다. 이는 결국 깊은 고립과 불만족으로 이어진다.

돌봄은 돌봄을 받는 사람만을 위한 일이 아니다. 돌봄을 베푸는 사람도 행복을 경험한다. 심지어 몸이 불편한 이들도 이웃을 돕는 봉사에 참여했을 때 가장 행복을 느낀다고 이야기한다.[18, 19] 내가 척수장애인들을 대상으로 연구를 하며 목격한 바다.

사랑은 나누어도 줄지 않는다. 나눌수록 커질 뿐이다. 그리고 나눔은 쉼을 만들어낸다. 이 쉼은 기쁨을 배가시키고, 기쁨을 나눈 순간은 또 유대감으로 이어진다.

현대 사회는 자립과 성공을 행복의 기준으로 삼는다. 하지만 개인적인 성취에 늘 뒤따르는 것이 있다. 바로 고독과 공허다. 그러나 공동체가 있다면, 가족과 이웃에게 시간을 내고 자원을 나눈다면 이 문제는 해결된다. 더 이상 '나'라는 좁은 세계에 갇혀 있을 필요가 없다. 우리는 타인과의 연결 속에서 온전히 인간다워진다.

쉼은 이 바쁜 세상 속에서 숨 쉴 구멍이 되어준다. 관계를 회복하고 사랑을 실천하며 삶의 새로운 의미를 찾는 시간이 된다. 우리는 누군가에게 선물 같은 존재로 거듭나며 그 과정에서 나라는 존재의 의미를 발견한다.

당신의 가족과 이웃 그리고 주변의 사람들을 사랑하라. 그것이 당신의 삶을 충만하게 만들어줄 것이다.

쉼이 깊을수록 사랑도 깊어진다

쉼 없는 사람은 사랑할 힘도 없다. 사랑은 마음의 여유와 감정의 여백에서 자란다. _웨인 멀러 사랑에는 에너지가 필요하다. 충분한 쉼이 없으면 사랑도 힘을 잃는다. 지친 마음으로는 누군가를 온전히 사랑할 수 없기 때문이다. 따라서 쉼은 사랑의 동력이 되는 중요한 에너지원이다.

탈진 상태에서 사랑은 불가능에 가깝다. 피로와 바쁨은 타인을 배려하지 못하게 한다. 지친 부모는 아이들의 불안을 알아챌 수 없고, 번아웃이 온 직장인은 동료에게 협조할 마음의 공간이 부족하다. 피로감에 절어버린 선생은 학생에게 진정으로 다가갈 수 없다. 쉼 없이 달리기만 하는 삶은 사랑의 능력을 서서히 갉아먹는다.

잘 쉬어야 감정적 에너지를 보충하고 마음의 여유를 만들 수 있다. 잘 쉰 사람은 타인의 고통에 더 잘 공감하고, 대화 속에서 상대방의 진심을 더 잘 눈치챈다. 잘 쉬지 못하면 쉽게 산만해지고 공감의 능력도 약해지는 탓에 의미 있는 대화가 어렵다.

쉼을 통해 나 자신으로부터 한 발짝 물러나 타인의 필요에 반응할 준비를 할 수 있다. 감정과 정신이 맑아진 상태로 타인을 더 깊이 있게 이해하고 받아들일 수 있는 것이다. 따라서 쉼은 사랑을 위한 준비다.

쉼은 자신을 바로 사랑하는 것

자기 사랑 없이 타인을 사랑할 수 없다.

쉼은 자기 자신을 가장 깊이 사랑하는 행위이기도 하다. 주어진 일을 완수하는 데 시간을 쓰느라 나 자신을 위한 시간은 자꾸만 뒷전으로 밀려나지 않는가? 이 때문에 삶은 점점 메말라간다. 쉼은 바로 이럴 때 나 자신에게 다가가 "너는 사랑받을 자격이 있다"라고 말해주는 시간이다. 저널리스트 니콜레 슈테른도 "쉼은 자기 자신과의 소통이자 사랑"이라고 주장했다.[20] 즉 쉼은 내면의 치유와 회복이다.

쉼이 나 자신의 상태를 똑바로 볼 수 있게 해주기 때문에 가능한 일이다. 탈진 상태일 때는 내 안에 어떤 상처와 분노가 숨어 있는지 알 수 없다. 하지만 쉼은 이러한 '독소'를 방치하게 두지 않는다. 이 감정들을 해독해 나 자신을 진정으로 사랑하게 만든다. 그리고 이 과정에서 우리는 감정의 소용돌이에서 벗어난다. 상처와 분노의 뿌리를 들여다보고 내려놓을 용기를 되찾는다. 나 자신을 용서하고 화해하며, 타인에게도 똑같이 해야겠다는 마음이 생긴다.

나를 돌보지 않고 타인을 돌볼 수는 없다. 쉼을 충분히 받아들인 사람은 자기 자신과의 관계가 원만하기에 이 사랑을 타인에게 나누고 확장할 준비가 되어 있다. 많은 사람이 흔히 하는 '자기 사랑은 나르시시즘이며 이기적'이라는 생각은 오해다. 자기 사랑은 곧 이타적인 행위로 이어지기 때문이다. 쉼은 피로가 만들어낸 배려 없음의 악순환을 끊고 진정한 사랑의 가능성을 열어준다.

결국 쉼은 삶의 귀한 선물이다. 쉼을 통해 얻은 자기 사랑은 이웃 사랑의 시작점이며, 평화로운 삶으로 가는 길목을 연다는 것을 기억하자.

고립을 넘어 연결로

외로움은 사람을 죽인다. 그러나 연결은 사람을 살린다.
_비벡 머시

고요함 속에서 이루어지는 개인의 쉼과는 달리, 공동체의 쉼은 즐거움 속에서 완성된다. 친구, 가족, 이웃과 함께하는 쉼은 혼자서는 얻을 수 없는 소속감과 연대를 제공하며 삶의 진정한 가치를 깨닫게 해준다.

파편화된 사회에서 우리에게 필요한 쉼은 이전과는 달라야 한다. 때로는 조용해야겠지만, 때로는 활기차고 발랄해야 한다. 쉼으로 관계를 회복하고 공동체를 강화하며 나라는 좁디좁은 세계에서 벗어나 더 큰 세계로 연결되어야 한다. 그 과정에서 삶의 큰 그림을 볼 수 있게 된다. 나의 삶이 타인의 삶과도 긴밀한 관계가 있음을 깨닫는 것이다.

이렇게 타인을 내 삶에 적극적으로 받아들일 때, 그들을 돌보고 사랑할 때 우리는 비로소 고립의 문제에서 벗어난다. 쉼은 공동체로 확장될 때 본질적인 힘을 발휘한다.

쉼 속에서 우리는 스스로를 돌보며 그만큼 타인을 돌본다. 그렇게 함께 살아가는 세상을 만든다. 이것이 바로 쉼의 목적이며, 우리가 추구해야 할 삶의 목적이다.

에필로그

세상의 기준에 휘둘리지 않는
홀가분한 삶을 위하여

　우리는 살아가며 무엇이 '정상'인지 끊임없이 배우고, 또 이에 순응하며 살아간다. 그렇게 쉼 없이 많은 성과를 빨리 내야 한다는 생각은 우리 삶에 당연하고도 자연스러운 것으로 자리 잡았다. 그런데 그 당연함을 정말 당연하게 받아들여도 되는 걸까?

　이 책은 휴식의 기술이나 시간 관리의 지혜를 말하는 책이 아니다. 삶에 던지는 하나의 질문이고, 그 질문에 답하며 세상의 흐름에 맞서보려는 작고도 느린 몸짓이다.

　나는 이 책을 집어드는 독자에게 일의 폭력, 빠른 속도에 대한 중독, 남보다 뒤처질지도 모른다는 두려움과 조급함 등

나 스스로를 몰아세우는 목소리에 맞서야 한다고 말하고 싶었다. 그 목소리들은 말한다. "그게 세상이야. 원래 그런 거야." 나는 그 말에 조용히 그러나 단호하게 "아니야. 그래서는 안 돼"라고 외치는 사람이 많아지기를 바란다.

빠른 속도가 진실은 아니다. 성과가 곧 존재의 증명인 것도 아니다. 남과 나를 끝없이 비교하지 않아도 된다. 그래서 책 전반에 걸쳐 내가 말한 쉼은 사실 '거짓된 질서에 대한 저항'이다. 나는 쉼이라는 언어를 빌려 내 삶의 기준을 거스르고 부수며 재건하는 글을 쓰고자 했다. 마치 연어처럼 말이다.

연어는 바다에서 수년을 살다가 알을 낳을 때가 되면 태어난 강으로 되돌아간다. 폭포와 바위 그리고 거센 물살을 거슬러 오르며 상류로 향한다. 그 길은 결코 평탄하지 않다. 물살은 등을 밀어주는 법이 없다. 그럼에도 연어는 헤엄친다. 다시 시작될 생명을, 다시 이어질 이야기를 품고서 온몸으로 물살에 저항한다.

세상은 그 과정을 미련하다고 평가하지만, 연어는 되돌아가는 길에 자기 존재의 가장 깊은 진실이 있음을 안다. 삶이란 도달하는 것이 아니라 되돌아가는 여정이라는 것을. 그 여정의 끝에서 연어는 알을 낳는다. 우리 역시 되돌아가면 새로운 삶의 길을 열 수 있다. 잃었던 나를 되찾아 전보다 더 단단해진 채로 말이다.

게다가 세상의 흐름에 그대로 몸을 맡기면 헤엄치는 법을 잊은 물고기처럼 여기저기 부유하다 방향을 잃고 사라지게 된다. 나는 그런 삶이 두려웠다. 그래서 비록 느리고 고된 길일지라도 연어처럼 거슬러 오르는 삶을 택해야 한다고 오래도록 생각해 왔다.

*

처음에 나는 '홀가분하다'라는 표현이 너무 가볍다고 생각했다. 삶의 깊은 피로를 해소하는 쉼을 이 표현이 담을 수 있을지 걱정이었다. 내가 말하고자 한 건 세상의 흐름에 저항하고 혁신하는 쉼이었기에 더욱 그랬다. 하지만 이제는 안다. 저항, 혁신 같은 단어마저도 피로하고 무겁게 느껴지는 시대라는 것을. 그래서 '홀가분하게 살고 싶다'는 욕구를 받아들이기로 했다.

다만 내가 이 책에 담은 홀가분함은 단순한 감정이 아닌, 삶의 구조적 불합리함으로부터 벗어나려는 존재의 갈망임을 밝히고 싶다. 속도에 중독된 삶, 비교에 지친 자아, 인정을 갈망하는 내면의 소용돌이로부터 자유로워지는 것이다. 속도보다 방향을, 성과보다 존재를, 자기비판보다 자기 포용을 선택하며 삶의 중심을 되찾는 것이 바로 홀가분한 삶이다. 그리고 이것이 바로 초고의 제목이자 내가 세상에 말하고 싶었던 '저항하는 쉼, 혁신하는 쉼'이다.

*

계속해서 저항하고 혁신하라고 말하지만, 당신을 설득하거나 가르치기 위해 이 책을 쓴 것은 아니다. 나는 그저 당신이 스스로에게 맞는 삶을 택하기를 바랄 뿐이다. 다만 이 책이 그 과정에서 당신과 함께 멈추고, 함께 묻는 동료가 되었으면 한다. 이 글 바로 뒤에 등장할 부록도 이러한 이유에서 만든 것이다. 각 장의 핵심 내용에 맞게 자기 삶을 점검해 보는 질문들로 구성했으니 끝까지 답해보기를 바란다.

쉼은 그런 것이다. 누가 가르쳐주는 게 아니디. "이렇게 해야 쉴 수 있다" "잘 쉬는 건 이런 것이다"라는 식으로 설명할 수 없다. 나의 쉼과 당신의 쉼은 다르기 때문이다.

쉼은 정형화될 수 없고, 또 그래서도 안 된다. 쉼은 이미 그 자리에 있었던 것이다. 각자가 이를 받아들이는 순간 비로소 그것이 쉼이었음을 깨닫게 된다.

나는 그 쉼의 자리에 당신을 초대하고 싶다. 과속이 아니라 느긋함으로 살아가며 성과가 아니라 존재의 품으로 되돌아가는 여정 말이다. 이 책이 그 길의 끝을 보여주지는 못하겠지만 길 옆 작은 쉼터 하나쯤은 되어주었으면 한다.

결국 내가 바라는 건 이런 것이다. 이 책을 읽은 당신이 그 어느 순간에라도 숨을 길게 내쉬고 멈추어도 괜찮다고 느끼는 것. 그리고 그 멈춤에서 삶을 다시 시작할 수 있는 동력을 발견하는 것. 잃었던 당신을 되찾고, 당신다움에 만족하는 것. 그리하여 홀가분해지는 것.

나는 그런 당신을 상상했다. 그리고 당신의 삶이 내 상상처럼 조금이라도 변화했다면, 그것만으로 더할 나위 없이 기쁠 것이다.

2025년 7월

이영길

부록

내 삶을 돌아보게 해주는
질문들

1장. 쉼이 결핍된 삶이 보내는 신호들

1. 내가 진정한 쉼을 경험하지 못하고 있다면, 그 이유는 무엇일까?
2. 성공과 성취가 어떻게 나의 자아 가치를 규정하고 있는가?
3. 우리 사회의 '빨리빨리 문화'는 나에게 어떤 압박을 주고 있는가?
4. 지금 내 삶에서 진정한 쉼과 기쁨을 주는 것들은 무엇인가?
5. 내가 쉼을 취할 때 느껴지는 죄책감이나 불편함은 어디서 오는 것일까?
6. 디지털 기기는 나의 쉼에 어떤 영향을 미치고 있는가?
7. 혹시 미래의 멋진 휴식을 기대하며 지금의 쉼을 놓치고 있지는 않은가?
8. 휴식을 우선시하지 않는 나의 선택이 가족이나 친구와의 관계에 어떤 영향을 미치고 있는가?

2장. 삶을 변화시키는 쉼에 대하여

1. 나는 삶의 여러 측면에서 순응과 저항 중 어느 쪽을 더 선택하고 있는가?
2. 내 삶의 방식이나 선택에 영향을 주는 것은 무엇인가? 나는 자유롭게 선택하고 내 삶의 방향을 정할 수 있는가?
3. 혁신적 쉼을 위해 지금 당장 버려야 할 낡은 습관이나 편견은 무엇인가?
4. 주변의 사회적 가치와 기대가 아닌, 나 자신이 중요하게 여기는 가치는 무엇인가?
5. 쉼으로 나 자신을 되찾기 위해 가장 먼저 저항해야 할 일은 무엇인가?

3장. 멈추는 법을 알아야 나아갈 수 있다 — 멈춤의 쉼

1. 나의 일상에서 멈춰야 할 건 무엇이 있는가?
2. 주변의 기대 때문에 쉼을 미루고 있는가? 쉼을 미루는 건 나에게 어떤 영향을 미치고 있는가?
3. 성취를 향해 달려가며 잃어버린 것들이 있는가? 멈춤으로 되찾을 수 있는가?
4. 내가 진정으로 이루고 싶은 것을 위해 지금 멈추고 방향을 다시 잡는다면, 내 삶에 어떤 변화가 생기겠는가?
5. 디지털 기기가 멈춤을 방해하고 있다고 생각하는가? 이를 통제하기 위해 어떤 노력을 할 수 있는가?
6. 멈추고 나의 내면과 마주할 때 불안을 느끼는가? 그 이유는 무엇인가? 이를 극복하기 위해 무엇이 필요하다고 생각하는가?
7. 멈춤을 통해 내 주변 사람들과 더 깊이 연결될 수 있는 구체적인 방법은 무엇인가?

4장. 일이 삶의 전부는 아니다 — 일하지 않는 쉼

1. 내 가치를 나의 직업이나 성과로 평가하고 있지는 않은가? 그 평가는 나의 삶에 어떤 영향을 미치고 있는가?
2. 생산성과 돈이 삶의 중심이 되지 않도록 내가 실천할 수 있는 구체적인 변화는 무엇일까?
3. 일 외에 나의 정체성을 형성할 수 있는 다른 요소들은 무엇이며, 그것들이 내 삶을 어떻게 더 풍요롭게 만들 수 있을까?
4. 내가 일을 통해 얻고자 하는 '중요성'과 '자아 표현' 욕구를 다른 방식으로 충족할 방법이 있다면 무엇일까?
5. 일을 위한 도구가 아니라 나 자신을 위한 존재로 살기 위해, 어떤 새로운 습관을 만들 수 있을까?
6. 일을 통해 나의 존재 가치를 증명하려는 마음이 나를 피로하게 만든다면, 이를 완화하기 위해 어떤 쉼의 방식을 시도해 볼 수 있을까?
7. 일의 윤리가 강조된 환경 속에서 쉼의 윤리를 실천하기 위해 내가 가져야 할 마음가짐과 행동은 무엇일까?
8. 일과 쉼의 균형을 어떻게 맞춰야 삶의 질을 높이고 쉼의 가치를 회복할 수 있을까?

5장. 그 욕망은 정말로 당신의 것인가
— 욕망을 재조정하는 쉼

1. 나는 어떤 무질서한 욕망에 자주 휩싸이는가?
2. 욕망을 재조정하면 내 삶에 어떤 변화가 일어나겠는가?
3. 나의 욕망 중에서 진정으로 의미 있고 가치 있는 것은 무엇일까?
4. 무질서한 욕망이 내 삶을 방해하는 방식은 무엇인가?
5. 절제를 통해 얻을 수 있는 진정한 기쁨은 무엇인가?
6. 잃어버린 꿈이나 열정이 있다면, 그것을 되찾기 위해 어떤 변화가 필요한가?
7. 욕망을 재조정할 때 쉼은 어떤 도움을 줄 수 있는가?
8. 현재 추구하는 욕망이 진정으로 원하는 삶을 반영하고 있는가?

6장. 당신은 언제부터 웃음을 잃었는가 — 기쁨의 쉼

1. 내가 일상에서 기쁨을 느끼지 못하는 이유는 무엇인가?
2. 나는 어떤 활동에서 진정한 기쁨을 느끼는가?
3. 기쁨을 느끼는 순간을 지나치고 있지는 않은가?
4. 내 삶에서 기쁨을 방해하는 요소는 무엇인가?
5. 내가 기쁨을 찾기 위해 스스로에게 허락하지 않는 것은 무엇인가?
6. 기쁨을 나누고 싶은 사람은 누구인가?
7. 기쁨을 느끼기 위해 내가 중요하게 생각해야 할 우선순위는 무엇인가?
8. 매일 소소한 기쁨을 발견할 수 있는 순간은 언제인가?

7장. 세상의 속도에 몸을 내맡기지 마라 — 느긋한 쉼

1. 나의 삶에서 느긋함을 방해하는 요인은 무엇인가?
2. 내가 느끼는 부족함은 어디서 오는가? 이로 인해 나는 어떤 행동을 하고 있는가?
3. 느긋한 삶을 살기 위해 내가 실천할 수 있는 작은 변화는 무엇인가?
4. 현재 내가 속도 중심적 사고방식에 사로잡혀 있는 영역은 무엇이고, 이를 느긋한 사고방식으로 바꾼다면 어떤 변화가 있을까?
5. 나는 주변 사람들과의 관계에서 느긋함을 어떻게 실천할 수 있을까?
6. 나에게 충분하다는 느낌을 주는 것은 무엇인가?
7. 나의 신체적, 정신적 건강에 있어 느긋함이 미치는 영향을 실제로 체험해 본 적이 있는가? 그 경험은 어떤 느낌을 주었고, 이를 꾸준히 실천하기 위해 무엇을 할 수 있을까?
8. 내가 중요하게 여기는 삶의 가치와 느긋함은 어떤 관계에 있는가?

8장. 삶은 사람으로 충만해진다 — 사랑의 쉼

1. 디지털 시대에 진정한 인간적 연결을 회복하기 위해 하이터치적 만남, 예를 들어 대면 대화, 공동체 활동 등을 일상에 어떻게 통합할 수 있을까?
2. 바쁜 스케줄 속에서 가족 구성원들이 함께 의미 있는 시간을 보내기 위해 쉼의 시간을 어떻게 계획하고 구체적으로 실천할 수 있을까?
3. 홀로 보내는 시간과 다른 사람들과 함께 나누는 시간을 어떻게 균형 있게 조율할 수 있을까?
4. 소셜 미디어를 피상적 관계가 아닌 깊이 있는 연결을 위해 활용하려면 어떤 구체적인 실천을 할 수 있을까?
5. 개인의 쉼을 다른 사람을 돕는 봉사와 결합하여 삶의 만족도를 높이는 방법은 무엇일까? 예를 들어 쉼의 시간을 활용해 지역사회 활동에 참여하거나 이웃을 돕는 등 구체적인 방안은 무엇일까?
6. 친구, 동료, 이웃과 함께하는 공동체적 쉼을 만들기 위해 어떤 활동을 시도할 수 있을까? 이러한 활동이 삶에 어떤 긍정적인 변화를 가져올 수 있을까?

7. 직장 내에서 더 나은 쉼과 인간관계를 위해 어떤 실천을 도입할 수 있을까? 이는 업무 효율과 유대감 형성에 어떤 영향을 미칠 수 있을까?

8. 누군가와의 관계에서 갈등을 겪고 있을 때 쉼을 통해 스스로를 정돈하고 용서와 화해로 나아가기 위한 구체적인 단계를 어떻게 계획할 수 있을까?

주

프롤로그. 나를 재촉하는 삶에서 홀가분해질 수 있다면

1. 《순자》, 순자, 을유문화사, 2008.

2. 《욕망 이론》, 자크 라캉, 문예출판사, 1994.

3. 《새로운 빈곤》, 지그문트 바우만, 천지인, 2012.

4. 《시간을 찾아드립니다》, 애슐리 윌런스, 세계사, 2022.

5. 〈시간빈곤과 시간불평등의 의미와 실태〉, 노혜진, 월간복지동향, 2017년 7월호, peoplepower21.org/welfarenow/1514699.

6. 〈'시간 빈곤' 한국인…"늦은 출발, 장시간 노동, 늙어서도 돈벌이"〉, 이창곤, 한겨레, 2023, hani.co.kr/arti/society/society_general/1096004.html.

7. 〈시간 빈곤(Time-Poor)에 관한 연구〉, 이경희, 김근주, 한국노동연구원, 2018.

8. Vickery, C., *The Time-Poor: A New Look at Poverty*, Journal of Human Resources, Vol. 12-1, 1977.

9. Perlow, L. A., *The Time Famine: Toward a Sociology of Work Time*,

Administrative Science Quarterly, Vol. 44, 1999.

10. Friedman, M., Rosenman, R., *Type A behavior and your heart*, Alfred A. Knopf, 1974.

1장. 쉼이 결핍된 삶이 보내는 신호들

1. 〈직장인 5명 중 2명 "쉬는 것 포기"…90%는 아파도 출근〉, 장진숙, 데이터솜, 2019, datasom.co.kr/news/articleView.html?idxno=99373.
2. 〈[카드뉴스] '사무실 지박령', '넵병' 등 직장인의 키워드 용어사전〉, 한승희, 한스경제, 2018, hansbiz.co.kr/news/articleView.html?idxno=261452.
3. 〈쉬는 시간에 무엇을 했었지?〉, 오은, 경향신문, 2020, khan.co.kr/opinion/column/article/202010080300095.
4. 《우리가 인생이라 부르는 것들》, 정재찬, 인플루엔셜, 2023.
5. 《미세 스트레스》, 롭 크로스, 캐런 딜론, 21세기북스, 2024.
6. 《몸이 아니라고 말할 때》, 가보 마테, 김영사, 2015.
7. 〈심장질환 진료 현황〉, 건강보험심사평가원, 2023, hira.or.kr/bbsDummy.do?pgmid=HIRAA020041000100&brdScnBltNo=4&brdBltNo=11037.
8. 《번아웃의 종말》, 조나단 말레식, 메디치미디어, 2023.
9. 〈직장인 95% '번아웃 증후군' 경험〉, 잡코리아, 2019, jobkorea.co.kr/goodjob/tip/view?News_No=15396&schCtgr=101009.
10. 〈과로사회 MZ세대 44% "번아웃 경험"… 힐링 리스트 작성-실천을〉, 동아일보, 2022, donga.com/news/Economy/article/all/20220712/114400147/1.
11. 〈자살 위험 77% 높은 정신질환 '번아웃' "신체적·정신적 에너지 소진

된 직장인 위험"〉, 마음건강길, 2023, mindgil.com/news/articleView.html?idxno=78484.
12. 〈일-생활 균형시간 보장의 유형화〉, 노혜진, 보건사회연구, Vol. 43, 2023.
13. 〈'재미없고 지루해요'…직장인 5명 중 2명 '보어아웃' 경험〉, 잡코리아, 2020, jobkorea.co.kr/goodjob/tip/view?News_No=18204&schCtgr=0&page=1.
14. 《보어아웃》, 필리페 로틀린, 페터 R. 베르더, 디플Biz, 2008.
15. 〈부정적 평가에 대한 두려움이 사회적 상호작용 불안에 미치는 영향 - 자기낙담과 자기격려의 매개효과-〉, 김현숙, 한국콘텐츠학회 논문지, Vol. 20, 2020.
16. 《우리는 다시 연결되어야 한다》, 비벡 H. 머시, 한국경제신문, 2020.
17. 〈[기획] 누가, 얼마나 외로운가? - 외로움 실태조사〉, 최선아, 여론 속의 여론, 2024, hrcopinion.co.kr/archives/29126.
18. 〈2022년 고독사 실태조사 결과 발표〉, 보건복지부, 2022, korea.kr/briefing/pressReleaseView.do?newsId=156542522.
19. 《고독사는 사회적 타살입니다》, 권종호, 산지니, 2023.
20. 《피로 사회》, 한병철, 문학과지성사, 2012.
21. 위의 책.
22. 위의 책.
23. *World Happiness Report 2024*, worldhappiness.report/ed/2024/.
24. 〈세계행복보고서 10년의 결과: 친사회적 사회가 행복한 국민을 만든다〉, 허종호, 국회미래연구원, Futures Brief, 23-06, 2023.
25. *Social Media in South Korea - 2023 Stats & Platform Trends*, OOSGA, 2023, oosga.com/social-media/kor/.

26. *Digital 2024: South Korea*, Datareportal, 2024, datareportal.com/reports/digital-2024-south-korea.

27. 《시대예보: 핵개인의 시대》, 송길영, 교보문고, 2023.

28. Brooks, D., *The Nuclear Family Was a Mistake*, The Atlantic, 2020, theatlantic.com/magazine/archive/2020/03/the-nuclear-family-was-a-mistake/605536/.

29. 《오늘날 혁명은 왜 불가능한가》, 한병철, 김영사, 2024.

30. 위의 책.

2장. 삶을 변화시키는 쉼에 대하여

1. 《오늘날 혁명은 왜 불가능한가》, 한병철, 김영사, 2024.
2. 위의 책.

3장. 멈추는 법을 알아야 나아갈 수 있다 — 멈춤의 쉼

1. 《과잉존재》, 김곡, 한겨레출판사, 2021.
2. 《나는 왜 이렇게 바쁠까》, 케빈 드영, 구름이머무르는동안, 2025.
3. 《시간에게 시간주기》, 안길수, M&K, 2013.
4. 《외로워지는 사람들》, 셰리 터클, 청림출판, 2012.
5. 《30년만의 휴식》, 이무석, 비전과리더십, 2006.
6. Samdahl, D. M., Kleiber, D. A., *Self-awareness and leisure experience*, Leisure Sciences, Vol. 11, 1989.
7. 《외로워지는 사람들》, 셰리 터클, 청림출판, 2012.
8. Singer, J. L., *The inner world of daydreaming*, Harper & Row, 1975.
9. 《팡세: 분류된 단장》, 블레즈 파스칼, IVP, 2023.

10. Gibson, I., *The shameful life of Salvador Dalí*, W. W. Norton & Company, 1998.
11. Raichle, M., *The brain's default mode network*, Annual Review of Neuroscience, Vol. 38, 2015.
12. 《휴식》, 울리히 슈나벨, 걷는나무, 2011.
13. Menon, V., *Salience Network and Executive Functions in the brain*, Annals of the New York Academy of Sciences, Vol. 1359-1, 2015.
14. Cole, M. W., Repovs, G., Anticevic, A., *The frontoparietal control system: A central role in mental health*, The Neuroscientist, Vol. 20-6, 2014.
15. Smallwood, J., *The science of mind wandering: Empirically navigating the stream of consciousness*, Annual Review of Psychology, Vol. 66, 2015.
16. 〈[#알쓸신잡1] 과학박사 정재승이 보장합니다! '멍 때리세요'〉, tvN Joy, youtube.com/watch?v=ACM6_d8fYB8.

4장. 일이 삶의 전부는 아니다 — 일하지 않는 쉼

1. 《팀 켈러의 일과 영성》, 팀 켈러, 두란노서원, 2013.
2. 《피로 사회》, 한병철, 문학과지성사, 2012.
3. 《안식일은 저항이다》, 월터 브루그만, 복있는사람, 2015.
4. 《영혼을 찾아서》, 알레한드로 나바, 이유출판, 2023.
5. 《이토록 멋진 휴식》, 존 피치, 맥스 프렌젤, 현대지성, 2021.
6. 《혼자 쉬고 싶다》, 니콜레 슈테른, 책세상, 2018.
7. 《프로테스탄트 윤리와 자본주의 정신(완역본)》, 막스 베버, 현대지성, 2018.

5장. 그 욕망은 정말로 당신의 것인가 — 욕망을 재조정하는 쉼

1. 《슬로우 영성》, 존 마크 코머, 두란노서원, 2021.
2. 《심연으로부터》, 오스카 와일드, 문학동네, 2015.
3. 〈원하는 것을 얻고자 할 때 반드시 해야 하는 것 (최진석 교수 풀영상)〉, 스터디언, youtube.com/watch?v=qQgEiY3ID6U&t=9s.
4. 《아주 보통의 행복》, 최인철, 21세기북스, 2021.
5. 《영광의 무게》, C. S. 루이스, 홍성사, 2019.
6. 《연필 하나로 가슴 뛰는 세계를 만나다》, 애덤 브라운, 북하우스, 2014.

6장. 당신은 언제부터 웃음을 잃었는가 — 기쁨의 쉼

1. Warner, M., and Coursey, C., *The 4 habits of joy-filled people*, Northfield Publishing, 2023.
2. 위의 책.
3. 위의 책.
4. Backstrom, M. K., *Crazy joy: Finding wild happiness in a world that's upside down*, Worthy Books, 2022.
5. '*Lighting Hanukkah Candles in Death's Kingdom:*' *A story by Elie Wiesel*, The Forward, 2020, forward.com/culture/460524/elie-wiesel-hannukah-story-auschwitz/.
6. *Gardens And War: Dig for Answers*, PORT, port-magazine.com/art-photography/gardens-and-war-dig-for-answers/.
7. 《그대들, 어떻게 살 것인가》, 요시노 겐자부로, 양철북, 2012.
8. Warner, M., and Coursey, C., *The 4 habits of joy-filled people*, Northfield Publishing, 2023.

7장. 세상의 속도에 몸을 내맡기지 마라 — 느긋한 쉼

1. 《오늘날 혁명은 왜 불가능한가》, 한병철, 김영사, 2024.
2. 〈건강하고 행복한 삶을 위해 반드시 필요한 케어 서비스 | 나종호 예일대 정신의학과 교수 #정신건강 #우울 #심리 | 세바시 1810회〉, 세바시 강연 Sebasi Talk, youtube.com/watch?v=crHFrUxGo8E&t=2s.
3. 《굿바이 게으름》, 문요한, 더난출판사, 2009.
4. 《정리하는 뇌》, 대니얼 J. 레비틴, 와이즈베리, 2015.
5. 《느긋한 제자》, 앨런 패들링, 국제제자훈련원, 2015.
6. Ueland, B., *If you want to write*, BN Publishing, 2010.
7. Sayers, D., *Creed or chaos?*, Sophia Inst Pr, 1995.
8. 《팀 켈러의 일과 영성》, 팀 켈러, 두란노서원, 2013.
9. DeYoung, R. K., *Glittering Vices: A New Look at the Seven Deadly Sins and Their Remedies*, Brazos Press, 2009.
10. 《굿바이 게으름》, 문요한, 더난출판사, 2009.
11. 《느리게 산다는 것의 의미》, 피에르 상소, 동문선, 2000.
12. 《느긋한 제자》, 앨런 패들링, 국제제자훈련원, 2015.
13. Quirin, M., Kazén, M., Dangel, V., *Art-based biofeedback promotes psychological relaxation and stress reduction more effectively than traditional graphic displays*, Frontiers in Psychology, Vol. 14, 2023.
14. Melnychuk, M. C., Dockree, P. M., O'Connell, R. G., Murphy, P. R., Balsters, J. H., *A breathing-based training intervention increases neural plasticity and resilience to stress in everyday life*, NeuroImage, Vol. 228, 2021, doi.org/10.1016/j.neuroimage.2020.117711.
15. 《슬로우 영성》, 존 마크 코머, 두란노서원, 2021.

16. 위의 책.

8장. 삶은 사랑으로 충만해진다 — 사랑의 쉼

1. 《외로워지는 사람들》, 셰리 터클, 청림출판, 2012.
2. 《페이스북은 어떻게 우리를 단절시키고 민주주의를 훼손하는가》, 시바 바이디야나단, 아라크네, 2020.
3. 《호모 심비우스》, 최재천, 이음, 2022.
4. 《마틴 셀리그만의 긍정심리학》, 마틴 셀리그만, 물푸레, 2020.
5. 《세상에서 가장 긴 행복 탐구 보고서》, 로버트 월딩거, 마크 슐츠, 비즈니스북스, 2023.
6. Chun, S., Lee, Y., T*he experience of posttraumatic growth for people with spinal cord injury*, Qualitative Health Journal, Vol. 18-7, 2008.
7. Chun, S., Lee, Y., *The role of leisure in the experience of posttraumatic growth for people with spinal cord injury*, Journal of Leisure Research, Vol. 42-3, 2010.
8. Backstrom, M. K., *Crazy joy: Finding wild happiness in a world that's upside down*, Worthy Books, 2022.
9. 《그대들, 어떻게 살 것인가》, 요시노 겐자부로, 양철북, 2012.
10. Wordsworth, W., *Lines Composed a Few Miles Above Tintern Abbey*, Revelation Press, 2023.
11. 《안식일은 저항이다》, 월터 브루그만, 복있는사람, 2015.
12. Backstrom, M. K., *Crazy joy: Finding wild happiness in a world that's upside down*, Worthy Books, 2022.
13. D'Souza, D., *The Virtue of Prosperity: Finding Values in an Age of Techno-*

Affluence, Free Press, 2001.
14. 《딸에게 보내는 굿나잇 키스》, 이어령, 열림원, 2021.
15. 《휴(쉬고 싶지만 쉬지 못하는 사람들을 위하여)》, 웨인 멀러, 도솔, 2002.
16. Aknin, L. B., Barrington-Leigh, C. P., Dunn, E. W., Helliwell, J. F., Burns, J., Biswas-Diener, R., Norton, M. I., *Prosocial Spending and Well-Being: Cross-Cultural Evidence for a Psychological Universal*, Journal of Personality and Social Psychology, Vol. 104-4, 2013.
17. Aknin, L. B., Whillans, A. V., *Helping and Happiness: A Review and Guide for Public Policy*, Social Issues and Policy Review, Vol. 14-1, 2020.
18. Chun, S., Lee, Y., *Racing made me feel strong and more positive: Experiencing personal meaning in life through leisure following traumatic spinal cord injury*, Leisure Sciences, Vol. 42-3, 2020.
19. Chun, S., Heo, J., Lee, Y., *Savouring the ordinary moments in the midst of trauma: Benefits of casual leisure on adjustment following traumatic spinal cord injury*, Leisure Studies, 2022.
20. 《혼자 쉬고 싶다》, 니콜레 슈테른, 책세상, 2018.

나는 홀가분하게 살고 싶다

초판 1쇄 인쇄 2025년 7월 14일
초판 1쇄 발행 2025년 7월 23일

지은이 이영길
펴낸이 김선식

부사장 김은영
콘텐츠사업2본부장 박현미
책임편집 남궁은 **디자인** 마가림 **책임마케터** 오서영
콘텐츠사업5팀 마가림, 남궁은, 최현지, 여소연
마케팅1팀 박태준, 권오권, 오서영, 문서희
미디어홍보본부장 정명찬 **브랜드홍보팀** 오수미, 서가을, 김은지, 이소영, 박장미, 박주현
채널홍보팀 김민정, 정세림, 고나연, 변승주, 홍수경
영상홍보팀 이수인, 염아라, 김혜원, 이지연
편집관리팀 조세현, 김호주, 백설희 **저작권팀** 성민경, 이슬, 윤제희
재무관리팀 하미선, 임혜정, 이슬기, 김주영, 오지수
인사총무팀 강미숙, 이정환, 김혜진, 황종원
제작관리팀 이소현, 김소영, 김진경, 이지우, 황인우
물류관리팀 김형기, 김선진, 주정훈, 양문현, 채원석, 박재연, 이준희, 이민운

펴낸곳 다산북스 **출판등록** 2005년 12월 23일 제313-2005-00277호
주소 경기도 파주시 회동길 490 다산북스 파주사옥
전화 02-704-1724 **팩스** 02-703-2219 **이메일** dasanbooks@dasanbooks.com
홈페이지 www.dasan.group **블로그** blog.naver.com/dasan_books
용지 스마일몬스터 **인쇄** 정민문화사 **코팅·후가공** 제이오엘앤피 **제본** 정민문화사

ISBN 979-11-306-6877-2 (03100)

- 책값은 뒤표지에 있습니다.
- 파본은 구입하신 서점에서 교환해드립니다.
- 이 책은 저작권법에 의하여 보호를 받는 저작물이므로 무단 전재와 복제를 금합니다.

> 다산북스(DASANBOOKS)는 책에 관한 독자 여러분의 아이디어와 원고를 기쁜 마음으로 기다리고 있습니다.
> 출간을 원하는 분은 다산북스 홈페이지 '원고 투고' 항목에 출간 기획서와 원고 샘플 등을 보내주세요.
> 머뭇거리지 말고 문을 두드리세요.